KB056109

모르면 위험하고 알면 쉬운

P2P투자란 무엇인가

P2P투자란 무엇인가

초판 1쇄 펴냄 | 2018년 2월 25일

지은이 | 이민아
펴낸이 | 김승겸
펴낸곳 | 아이스토리(ISTORY)

출판등록 | 2015년 2월 5일 제307-2016-35호
주소 | 서울특별시 성북구 북악산로5길 31(정릉동)
전화 | 070-8875-1033
팩스 | 070-8818-1033
E-mail | istorybooks@naver.com

ISBN | 979-11-88227-11-2 (13320)

모르면 위험하고 알면 쉬운

P2P투자란
무엇인가

P2P투자의 생생한 현장에서
경제전문기자가 전하는
알짜정보

이민아 **지음**

iSTORY

추천사

우리나라에서 2015년부터 본격적으로 급성장하기 시작한 P2P투자는 4년 만에 시장 규모가 4조원을 돌파했다. P2P투자는 기존 제도권 금융사들이 다루지 못했던 대출 투자 영역을 공략해 빠르게 성장했다. 제도권 금융회사들은 리스크가 낮은 우량 신용을 갖춘 개인과 사업자 위주로 대출을 취급했고, 저신용자들은 20%가 넘는 고금리에 시달리던 상황이었다. 금융회사 또한 영업 이익 극대화를 위해 예금자나 투자자들에게 최소한의 이익을 제공해왔다.

핀테크 산업이 성장하면서 함께 성장한 P2P대출 중개회사이하 P2P회사들은 제도권 금융회사가 다루지 못했던 사각지대 안에서 효과적으로 리스크를 관리하는 시스템을 구축했다. 저신용자들에게는 10%대 금리로 대출을 해주며, 투자자들에게는 은행보다 높은 이자 수익을 제공한다.

P2P투자가 국내에서 큰 인기를 얻고 있으나, 일부 P2P회사들의 부도덕한 행위로 인해 P2P금융산업의 신뢰에 금이 가고 있다. 단돈 수백만원

으로 홈페이지를 외주 개발하여 허위상품을 올리고 투자금을 모집하는가 하면, 리스크가 높은 대출을 제대로 심사도 하지 않고 중개하고 수수료만 챙기고 잠적하는 등 많은 부작용들이 발생하고 있다.

일부는 성장통이라 하지만 이러다 새로운 금융 산업인 P2P금융업 자체가 공멸하는 것이 아닌가에 대한 우려를 할 수밖에 없다. P2P금융의 건전한 성장을 위해 한국P2P금융협회 회원사들은 당국과 국회에 P2P대출의 법적 성격을 규정해 달라고 요구하고 있는 상황이다.

하지만 법제화가 실질적으로 완료되기 전까지 투자자들이 자신의 투자금을 보호하는 방법은 한정될 수밖에 없다. 투자자 자신이 P2P대출 중개회사에 대한 높은 이해도와 상품에 대한 지식을 갖춰야 한다는 의미다. 그런 점에서 이 책은 처음 P2P투자를 이용하는 사람들에게 좋은 가이드가 되어줄 것으로 보인다.

P2P회사에 이해관계로 얽혀 있는 사람이 마케팅이나 홍보용으로 쓴 책이 아닌, 현직 기자가 수많은 P2P업계 전문가와의 인터뷰를 통해 업체와 상품을 선별하는 노하우를 잘 담아낸 책이라 생각한다. 또한 저자는 P2P금융업이 본격적으로 급성장하기 시작한 때부터 현재까지 산업에 관련된 내용을 많이 취재하고 기사를 썼던 경험이 있다. 따라서 P2P금융업에 대한 이해도가 매우 높다.

저자는 이 책을 통해 P2P투자 시 '묻지마 투자'를 할 경우 오히려 손해를 볼 것이라고 강조한다. 이를 위해 부동산부터 신용대출까지 다양한 투자 상품의 속성을 알기 쉽게 알려주고, 때로는 많은 사람들이 투자를 하려다 돈을 날린 불편한 사례도 보여준다.

무엇보다 투자자들의 돈을 관리하는 '선한 관리자' 역할을 제대로 할 수 있는 P2P회사를 선택하는 것이 중요한데, 현재 시장에는 그런 시각을 기르기 위해 투자자가 참고할 수 있는 정제된 자료가 많지 않다.

이 책이 P2P투자를 처음 접하고 혼란을 겪는 사람들에게 훌륭한 내비게이션이 될 수 있을 것이라고 생각한다.

_양태영 한국P2P금융협회 회장, 테라펀딩 대표

추천사

이민아 기자를 처음 만난 건 2016년 초반이었다. 국내에서 P2P투자가 본격적으로 발전하기 시작하며, 현재 시장을 이끌고 있는 업체들이 성장하기 시작한 때다. 이후 3년 가까이 산업의 발전, 업체의 난립, 금융당국의 규제와 법제화까지 산업에 대한 수많은 이슈를 함께 지켜본 기자가 아주 많지는 않다. 그래서 이 책의 출간이 반갑다.

P2P투자는 본인의 신용도에 맞는 적정 수준의 금리를 찾는 대출자와 중위험-중수익을 추구하는 투자자를 연결하는 온라인 플랫폼이다. 자체적인 심사 평가 모델을 개발해 기존 금융사보다 더 많은 데이터 포인트를 활용해 대출자를 정교하게 분석하고, 이렇게 분석된 데이터를 투명하게 플랫폼에 공개해 다수의 투자자와 연결한다. 따라서 기술 혁신을 통해 모든 금융 거래를 100% 비대면화하고 보다 효율적인 자금 운용이 가능하도록 만들어가는 것이 이 산업의 본질이다. 이제 많은 사람들이 P2P투자는 '핀테크 금융과 기술의 결합'를 넘어 기술로 금융을 새롭게 혁신하는 '테크

핀기술과 금융의 결합' 산업이라 부르기 시작했다.

그러나 국내에서는 세계적으로 발전하고 있는 P2P투자산업의 모습과는 많이 다른 모습으로 변형되어 발전해왔다. 기술의 혁신과는 분야가 다른 건축 프로젝트 파이낸싱으로 자금이 쏠려 금융 당국의 우려가 점점 더 커지고 있다. 많은 투자자들이 P2P투자에 대해 우려의 시선을 보내는 것이 그리 이상하지 않은 상황이다. 그러나 2019년에는 P2P투자산업의 성격을 법으로 규정짓는 것이 본격적으로 이뤄질 것이라는 예고가 있었다. 또한 금융회사의 P2P투자 참여 등 산업의 발전 방향에 맞는 규제 방향성이 발표됐다. 산업이 본격적으로 발아하기 시작한 지 4년째에 접어들며, 성장에 대한 기대가 커지고 있다.

사실 이민아 기자가 처음 이 책에 대한 기획을 시작했을 당시와, 그리고 지금 현재2019년는 그리 오랜 시간이 지나지 않았음에도 불구하고 시장의 상황이 매우 다르다. 눈 밝은 재테크 얼리어답터들이 주목하기 시작한 2016~2017년의 상황에 비해, 2018년에 들어서자 그간 난립한 P2P대출 중개업체 중 연체와 부실 급증, 사기 대출이나 허위 공시 등의 문제가 드러나기 시작했기 때문이다. 새로운 투자처로서 P2P투자를 소개하는 정보 서적을 쓰기 시작했던 저자로서 고민이 없지 않았을 것으로 생각한다. 하지만 저자로서 이러한 난제를 모두 포용해 한동안 쓰던 원고를 접고 새로운 마음으로 다시 쓰기 시작했다는 점에 박수를 보내고 싶다. 이 책《P2P투자란 무엇인가》가 시장의 현황과 평가, 산업에 대한 전망, 오랜 시간 산업을 취재하며 선별해낸 '잘하는 업체'에 대한 정보를 객관적으로 제공해 현재와 미래의 P2P투자자들에게 좋은 길잡이가 되길 진심으로 기원한다.

_김성준 마켓플레이스금융협의회 운영위원장, 렌딧 대표이사

P2P투자란 무엇인가

추천사

'P2P 투자란 무엇인가?' P2P투자는 2015년~2017년 사이 매력적인 투자상품으로 재테크 얼리어답터들에게 인기를 얻으며 폭발적으로 성장했다. 하지만 2018년 한 해 동안 부도덕하거나 역량이 부족한 회사들이 각종 금융 사고를 일으키며 P2P금융 투자자들로 하여금 불안에 떨게 하기도 하였다. 저자는 경제전문기자로서 P2P금융의 초기 시절부터 지켜보며 많은 사람들에게 이 질문에 답을 해주고 싶었을 것이다.

그사이 금융당국은 P2P금융에 대해 3차에 걸친 가이드라인 재정 및 개정을 통해 건전한 산업의 육성 테두리 안에서 투자자 보호 장치의 기틀을 마련하였고, P2P금융회사들에 대한 처벌근거 또는 성장의 근거로 2019년 현재 법제화 마련을 앞두고 있다. 앞으로 국내 P2P금융산업은 법제화를 시작으로 제도권 금융으로 도약하는 회사와 그렇지 못한 회사로 나뉠 것이다. 금융회사로써 안정화를 시키는 것이 P2P회사들에게는 무엇보다 중요한 한 해가 될 것이다.

산업의 초기부터 많은 P2P금융회사들을 직접 만나보고, 때로는 투자자에게 좋은 재테크 정보를 제공하고, 또 때로는 경계해야 할 정보를 알려주기 위해 발로 뛰어가며 노력한 이민아 기자의 노고가 그대로 담긴 책이 나왔다. 저자는 그동안 보아왔던 경험들을 바탕으로 '검증된 팩트'를 투자자들에게 전달하는 데 주안점을 두고 있다. 또한 전문가만 이해할 수 있는 복잡한 금융지식이 아니라 누구나 이해할 수 있을 만큼 쉽게 실제 사례를 기반으로 설명하고 있다.

이 책은 P2P투자를 하고 싶어도 인터넷 커뮤니티 등을 제외하고 참고할 마땅한 객관적인 정보가 부재하고, 긍정이슈와 부정이슈가 혼재되어 있어 올바른 투자판단을 내리기 어려운 투자자에게 보다 실질적인 도움이 될 것으로 기대한다. 부디 많은 금융소비자들에게 이 책이 널리 소개되어 P2P투자에 대한 올바른 이해가 이루어지길 기원한다.

_김대윤 한국핀테크산업협회장, 피플펀드 대표

바야흐로 '핀테크 혁명' 시대가 도래했다. P2P투자는 그중에서도 중심에 서 있다. 그간 P2P투자라는 단어는 누군가에겐 대안대출, 대안투자라는 반가움과 고마움이라는 이름으로, 또 누군가에겐 공포의 이름으로 불리기도 했다. 관련 기술이나 이론에 대한 설명이 있는 서적은 많았지만 일반인이 쉽게 읽을 만한 서적은 부재했다. 본 책은 P2P금융에 대해 투자자 겸 언론인 입장에서 쓴 최고의 가이드가 될 것이다.

_김항주 투게더펀딩 대표

이민아 기자는 2015년 한국 P2P금융의 태동기부터 오늘에 이르기까지 이 업계의 양과 음을 진지하게 취재해 온 동반자이자 선구자이다. P2P투자는 많은 정보를 가지고 접근해야 하는 조심스러운 영역이면서도, 잘 알고 행한나면 은행 이자 이상의 수익을 어떤 투자보다도 안전하게 실현할 수 있는 기회의 금융인 바, 기자의 시간과 노력이 응축된 이 책은 P2P

금융 투자자들에게 필독서로 자리할 것을 자신한다.

_박성준 펀다 대표

한국의 P2P금융은 그 어떤 핀테크 산업군보다도 빠르게 성장했지만, 본질을 이해한 기업은 드물고 이를 다룬 책도 마찬가지였다. 대부분 투자 방법론에 지나치게 치우쳐 있을 뿐, 그중 다수는 깊이가 얕고 부실했다. 이제야 비로소 P2P금융과 그 본질을 제대로 논할 수 있는 교과서적인 책이 나온 듯하다. 현 금융 시장의 한계와 P2P금융의 존재 의의, 나아가 더 현명한 투자자가 되는 방법이 궁금한 독자가 있다면, 강력하게 일독을 권한다.

_서상훈 어니스트펀드 대표

P2P업계는 각종 사기와 부실, 투자자를 위한 법적 보호 장치의 부재로 인해 투자를 망설이는 분들이 많다. 그럼에도 연 10% 내외의 수익을 거둘 수 있어 건실한 업체를 선택할 수 있다면 여전히 매력적이다. P2P투자 입문자라면 부실 업체의 징후는 무엇인지, 사기 업체의 패턴은 어떠한지, 투자자들은 어떻게 사기 업체를 걸러내야 하는지를 알고 투자에 임해야 소중한 원금을 지킬 수 있다. 투자자 보호와 건전한 투자 문화 정착을 위해 투철한 기자정신으로 써내려간 이 책 속에 P2P금융의 명과 암이 모두 담겨 있다. P2P투자를 처음 시작하는 입문자는 물론 올바른 투자관을 정립하고자 하는 분들께 투자의 좋은 길잡이가 될 것이다.

_P2P투자자모임 피자모 cafe.naver.com/pijamo 운영자

머리말

이 책을 쓰겠다고 마음먹은 것은 2017년 중순입니다. 2017년은 P2P대출투자[1]의 누적 대출액이 3조원 규모로 성장했던 시점입니다. 현재는 그 규모가 4조원을 넘었습니다. P2P대출이 뭐기에 이렇게 큰돈이 몰렸을까요?

'P2P투자'는 개인간 뭔가를 주고받는 행위라는 뜻의 'P2P Peer to Peer'와 돈을 꿔주고 받는 거래를 의미하는 '대출'이 합쳐진 말입니다. 개인들이 돈을 빌리고자 하는 사람에게 돈을 빌려주고, 그 대가로 이자를 받는 제도권 밖 금융입니다. 기존 금융기관을 거치지 않는 개인들 간 거래입니다. 대출자와 투자자를 연결해주는 'P2P대출 중개회사이하 P2P회사'를 통해 거래가 이뤄집니다.

---

1) P2P대출은 투자와 대출이 동시에 이루어지는 개념이므로 P2P대출이라고 쓰나 P2P투자라고 쓰나 같은 뜻을 의미한다. 이 책에서는 '투자'의 관점에서 P2P대출(투자)을 바라보므로, P2P투자라는 단어를 더 많이 사용할 예정이다.

P2P투자가 폭발적으로 성장하던 2016년부터 금융부 기자로 일했습니다. 당시 P2P투자는 젊은 층을 중심으로 큰 인기를 끌었습니다. 기대 수익률이 높았기 때문입니다. 은행의 예적금 금리가 2%도 채 되지 않았을 때, P2P회사들은 연 10% 안팎의 수익률을 내걸었습니다. '안전하면서도 금리가 높다'는 홍보문구는 아무리 투자 경험이 많은 사람이어도 혹할 만한 것이었습니다.

게다가 투자 절차가 편리합니다. P2P회사의 홈페이지에 회원으로 가입하고 자금을 가상계좌에 이체한 후 투자하면 끝납니다. 지점을 찾아가 계좌를 개설해야 하는 다른 금융 상품에 비해 진입 장벽이 낮습니다. 기존 금융 기관이 풀어주지 못 한 갈증을 해소해주는 '핀테크금융과 기술의 결합'로서 장점을 부각해서 주목하는 시선이 일반적이었습니다. 위험에 대한 경고보다는 우호적인 여론이 많았습니다.

하지만 2017년 중반 들어 서서히 경고음이 들리기 시작했습니다. 방만한 자금 운용을 해서 투자자에 피해를 입힌 P2P회사들에 대한 기사를 써서 직접 고발한 경험도 있습니다. 이제 2018년에는 거품 섞인 찬사는 사라지고 P2P대출은 '문제아' 취급을 받았습니다. 시장은 흉흉해졌습니다. 불과 2년 전 환호성은 온데간데 없었습니다. 투자금을 돌려주지 않고 잠적하거나, 도산해버린 P2P회사들의 소식이 연일 들려왔습니다. 투자자들은 소중한 자금을 잃고 분노를 감추지 못했습니다.

처음엔 P2P투자를 처음 시작하는 사람들을 위한 지침서라는 주제로 원고를 일찌감치 탈고했습니다. 운 좋게도 많은 P2P회사의 임원진, 금융 당국 관계자 등을 만나면서 P2P회사들에 대한 정보를 가장 먼저 접할 수 있었기 때문입니다. 하지만 공들여 쓴 원고를 다시 덮어버렸습니다.

왜냐하면 시장의 상황이 빠른 속도로 변했기 때문입니다. 전문성과 안정성을 내세웠던 P2P회사들도 삐걱거렸기 때문입니다. P2P투자가 무엇인지 본질적인 고민이 생겼습니다. 한동안 생각에 잠겼습니다. 산업이 안정되지 않은 상황에서 투자 지침을 이야기한다는 것이 시기상조라는 판단이 들었기 때문입니다. 생각보다 많은 P2P회사가 가짜 정보를 태연하게 내밀면서 투자자들을 현혹시키고 있었습니다. 이들이 제시하는 설명으로는 투자 수익률을 분석한다는 게 어리석은 일이었습니다.

유일한 대안은 단지 P2P회사 대표들의 경영 능력과 같은 정성적인 분석이었습니다. 하지만 아무리 화려한 금융 기관에서 일을 하다 온 경력자라도 P2P투자를 제대로 알 수 없다는 걸 깨달았습니다. 기존 금융 기관에서는 다루지 않는 대출 건들을 다루는 것이니, 리스크가 천차만별입니다. 이를 느끼고 나서 한동안 책 쓰기를 포기했습니다. 이를 지켜보면서 아무것도 할 수 없다는 무력감을 느꼈습니다. '이건 아니다' 생각했지만, 할 수 있는 건 제한된 분량의 기사로 경고 신호를 보내는 일뿐이었습니다.

그럼에도 써야겠다고 마음을 다잡았습니다. 조금이라도 아는 것을 정리해서 투자자들을 도와야겠다고 생각했기 때문입니다. 시장에서는 "부실 P2P회사들이 퇴출되는 '옥석 가리기'가 시작됐다"고 했습니다. P2P대출 시장에 불황이 찾아왔단 의미이기도 합니다. 옥석 가리기라는 것은 건전한 P2P회사만 살아남고, 나머지는 전부 도태돼 망할 것이라는 '시장 정리'를 뜻합니다. 이를 시장에 참여하는 투자자들 입장에서 생각해봅니다. 그럼 '살아남은 P2P회사'에서 투자한 자금만 돌려받고, 살아남지 못한 회사를 이용했던 사람들은 투자금을 전부 잃을 수 있다는 무서운 이야기입니다.

부실한 P2P회사들에는 전형적인 '패턴'이 있습니다. 이 패턴은 사실 어느 정도 정해져 있습니다. 이를 역으로 이용하면 나쁜 의도를 가진 사기꾼들을 가려내고 원칙대로 경영하는 P2P회사를 찾을 수 있습니다. P2P업계에 있어 적어도 부도덕이나 부실에 대한 소문은 대개 나중에 사실로 드러났습니다.

그래서 제 작은 경험을 바탕으로 P2P대출 산업을 돌아보고 아무것도 모르는 분들께 길잡이가 되자는 마음으로 이 책을 쓰기 시작했습니다. 나쁜 징후들을 조금이나마 알려드리고, 나아가 한국의 P2P대출이 어떤 맥락에서 발전해왔는지를 보여드리고자 합니다. 이 책을 통해 지금까지 저의 경험, 그동안 만났던 업계 관계자들과 투자자들을 인용했습니다. 너무 어렵거나 복잡한 내용은 굳이 언급할 필요가 없다고 생각했습니다. 이 책에서 그런 내용을 기대한 독자들은 다소 실망할 수 있습니다.

하지만 감히 말씀드리지만, 이 책은 P2P투자가 어떤 것인지 알아보는 최소한의 준비물입니다. 물론 내용이 전부 옳지는 않을 수 있습니다. 이 책을 통해 제가 소개한 내용들을 바탕으로 독자들이 자신만의 길을 찾으시기를 바랍니다. 책을 다 읽고 '아, 복잡하다. 투자하지 말아야겠다'고 단념하실지도 모르겠습니다.

하지만 준비 없이 나서는 투자는 도박이나 다름없습니다. P2P투자뿐 아니라 주식, 채권, 부동산 모두 마찬가지입니다. 안타깝게도 너무 많은 투자자들이 준비 없이 P2P투자를 시작합니다. 심지어 투자한 지 한참이

P2P투자란 무엇인가

지나서야 '원금 보장이 아니었느냐'며 연체라도 발생하면 몹시 불안해합니다. P2P투자의 리스크를 파악하지 못 한 채 애써 모은 소중한 자산을 무턱대고 맡기는 이런 사례는 없어야 할 것입니다.

불편한 내용을 잘 정리해주신 출판사 아이스토리와 민감한 질문들에도 솔직하게 대답해준 P2P대출업계의 수많은 관계자분들께 감사드립니다. 이 글을 마무리하는 2019년 현재 한국 P2P대출 업계에는 찬바람이 붑니다. 무거운 마음으로 책을 내놓습니다.

저자 이 민 아

CONTENTS

PART 3. 부동산 P2P투자

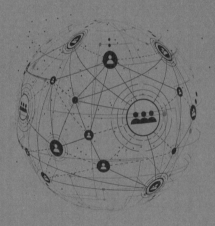

PART 1

P2P투자의
개념

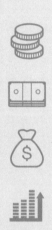

P2P대출은 무엇인가?

"전문 이론을 완벽히 알 필요는 없다.
다만 기본은 완벽하게 배워라."
– 워런 버핏

　'월가의 영웅'으로 불리는 펀드매니저 피터 린치는 "공부하지 않고 투자를 하는 것은 패를 보지 않고 포커를 치는 것과 같다"고 말했습니다. 13년간 연 29%라는 경이로운 수익률을 기록한 린치가 강조한 것은 투자 대상에 대한 공부였습니다. 패도 보지 않고 아무것이나 내면서 포커를 치면 운 좋게 약간의 돈을 딸 수는 있을 테지요. 하지만 결국에는 대부분 돈을 잃고 맙니다.

　P2P대출^{투자}도 마찬가지입니다. '묻지마 투자'로 시작하기보단 P2P투자에 대해 차근차근 기본부터 살펴봅시다. P2P대출이란 'Peer^{사람} to^대 사람^{Peer}'으로 이뤄지는 대출로, 은행, 증권사 등 기존 금융권을 통하지 않는 개인들 간 거래를 말합니다.

(돈 빌리는) **민석**: 야, 나 100만원만 빌려주라. 석 달 뒤에 이자 5만원 붙여서 갚을게.

(돈 빌려주는) **하림**: 빌려줄 순 있어. 근데 네가 그 돈 들고 잠수타면 내 돈 날리는 거 아냐?

민석: 내가 맨날 차고 다니는 시계… 비싼 거 알지? 그 시계 돈 다 갚을 때까지 맡길게.

(옆에 있던) **혜원**: 하림아, 너 덜렁대고 맘 약하잖아. 내가 민석이 시계 맡아놓고 105만원 다 챙겨다가 너한테 줄게. 대신에 나 5000원만 떼어줘.

P2P대출의 3주체

친구에게 돈을 빌리거나 빌려준 적이 있으신가요? 위에 나온 '친구 간 돈 꾸기' 일화는 P2P대출의 원리를 담고 있습니다.

위 일화의 세 친구는 P2P대출의 3주체입니다. 돈을 빌리는 민석은 '차입자', 돈을 빌려주는 하림은 '투자자', 중간에 끼어든 혜원은 'P2P회사' 역할을 합니다. 이 셋의 관계를 살펴보면, P2P대출의 시작부터 상환까지의 대략적인 모든 과정을 알 수 있습니다.

이후 혜원P2P회사은 민석차입자의 평판조사를 했습니다. 평소 돈을 꾸고 제대로 갚는 사람인지, 다른 친구들한테 빌린 돈은 없는지, 통장 잔고는 어떤지 등 민석에 대한 정보를 수집해 그가 돈을 갚을 능력이 되는지 확인합니다. 혜원은 또 민석이 담보로 맡기기로 한 시계를 안전하게 자기 금고에 보관합니다.

이 절차를 마친 혜원은 하림^{투자자}에게 '민석은 돈을 갚을 능력이 충분하다'고 알립니다. 하림은 혜원에게 100만원을 주면서 '민석에게 빌려주라'고 하고, 혜원은 민석에게 이 돈을 전달합니다. 돈을 받은 민석은 3개월간 잘 쓰다가 원금 100만원에 이자 5만원을 붙여서 혜원에게 '하림에게 주라'고 전달합니다. 이 돈을 받은 혜원은 자기 수고비 5000원을 떼고 하림에게 104만 5000원을 돌려줍니다.

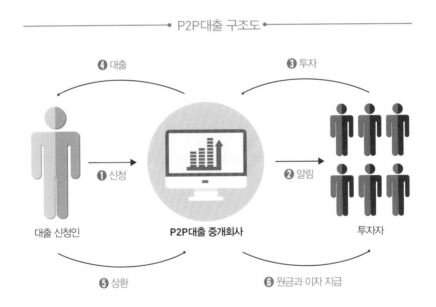

● P2P대출 구조도 ●

❹ 대출   ❸ 투자

❶ 신청   ❷ 알림

대출 신청인   **P2P대출 중개회사**   투자자

❺ 상환   ❻ 원금과 이자 지급

실전 P2P대출도 세 친구의 돈 거래와 원리가 같습니다.

P2P대출을 이용하고자 하는 차입자^{민석}는 P2P회사에 관련 서류를 제출합니다. P2P회사^{혜원}는 이 대출 신청 건을 심사합니다. 차입자의 신용은 어느 정도인지, 담보는 있는지, 원리금을 제대로 상환할 수 있을지를 따져봅니다. '차입자는 돈을 갚을 능력이 충분하다'고 판단하면 심사 결과에 따라 금리를 산정하고, 이 대출 신청 건을 '투자 상품'으로 구성해 홈페이지에 홍보합니다.

투자자^{하림}는 홈페이지에서 금리, 투자 기간, 담보, 등기부^{부동산 상품일} ^{경우}를 확인할 수 있고, 이에 따라 투자 여부를 결정합니다. 투자자가 P2P회사에게 투자금을 송금하면, P2P회사는 차입자에게 대출해줍니다. 차입자는 일정기간 이후 원금에 이자를 붙여서 P2P회사에 상환합니다. 이 돈을 받은 P2P회사는 일정 수수료를 챙긴 후 남은 원금과 이자를 투자자에게 지급합니다. P2P회사는 중개 서비스 제공에 따른 '수수료'를 챙깁니다. 회사마다 다르지만, 대개 원금의 1~4% 수준을 떼어갑니다.

대출자와 투자자를 연결해주는 P2P회사

P2P회사들은 각자의 홈페이지를 통해 대출자와 투자자를 연결시켜줍니다. 회사들은 온라인 기반으로 모든 서비스를 운영하기 때문에 은행, 증권사 등과 달리 지점이나 인력 운영 비용을 아낄 수 있습니다. P2P회사는 이렇게 절감한 비용으로 투자자에게는 비교적 높은 투자수익률을, 대출자에게는 낮은 대출 금리를 주겠다는 취지로 설립된 법인들입니다.

P2P회사는 대출 신청자가 제출한 서류와 대출자의 신용 등급 등을 고

려해 적정 이자율을 산정합니다. 이자율은 대개 세전 연 7~20% 사이입니다. 대출의 위험도에 따라 금리는 그때그때 다릅니다. 이후 대출자로부터 회수한 원리금을 투자자들에게 돌려줍니다. 만약 대출자가 돈을 갚지 못하는 상황이 발생하면, 추심해 대출금 상환을 시도합니다. 추심으로 확보한 자금은 투자자들에게 상환해줍니다. 투자자는 P2P회사가 제공하는 정보를 보고, 투자를 결정합니다.

금융의 사각지대에서 피어난 P2P대출

P2P대출은 기존 금융권에서 외면당한 금융의 사각지대에서 싹을 틔웠습니다. 우리나라 금융 시장에서 1~3등급 사이의 높은 신용을 보유한 사람들은 은행에서 3~7%의 낮은 금리로 대출을 받을 수 있습니다. 4등급 이하의 중저 신용자들은 신용등급이 낮은 사람들은 은행에서 대출을 거부당하고 금리 절벽에 부닥치게 됩니다. 저축은행이나 캐피털회사에서 20%대에 달하는 높은 이자율을 부담해야만 돈을 빌릴 수 있습니다. 여기서도 거부당하면, 제도권 금융시장을 떠나 사채시장으로 가서 월 5% 수준의 아주 높은 금리로 돈을 빌릴 수밖에 없습니다.

P2P대출은 이렇게 저금리와 고금리로 양분된 대출 시장에서 소외된 사람들을 대상으로 8~20%의 중금리로 대출을 해주자는 취지로 시작됐습니다. 일례로 개인신용대출 전문 P2P회사인 '렌딧'의 김성준 대표는 금리 절벽을 몸소 겪고 창업을 결심했습니다. 미국 실리콘밸리에서 스타트업을 창업했던 김 대표는 사업체 운영 자금을 마련하려고 국내 은행에서 대출 신청을 했지만 거부당했습니다. 미국에서 5년간 지내다 보니 국내에

선 금융거래 기록이 없어 신용등급이 6등급 밑으로 떨어졌기 때문입니다. 은행에서 대출을 거절당한 김 대표는 저축은행으로 찾아갔습니다. 그는 저축은행에서 연 22%에 달하는 대출 금리를 요구받고 절망했습니다.

좌절한 김 대표는 당시 미국의 유명 P2P회사 렌딩클럽 홈페이지에 접속해 대출 가능 여부를 조회했는데, 렌딩클럽에서 그에게 매긴 대출 금리는 연 7.5%에 불과했습니다. 미국에서는 대출 시장의 사각지대를 렌딩클럽이 메우고 있던 것입니다. 김 대표는 이 경험을 계기로 한국에서도 렌딩클럽처럼 중금리 시장을 개척하겠다는 계기로 P2P회사 '렌딧'을 창업했습니다. P2P대출은 김 대표처럼 좌절했던 수많은 대출자들을 공략하는 새로운 금융 산업입니다.

크라우드펀딩과 P2P대출 구분하기

P2P대출은 크라우드펀딩Crowdfunding 의 한 종류로, 하위 개념입니다. 크라우드펀딩은 대중crowd 으로부터 자금을 모집funding 하는 금융투자 방식을 폭넓게 정의하는 용어입니다. 크라우드펀딩은 대출형, 지분투자형, 기부형 등으로 분류할 수 있습니다.

◆ 대출형 크라우드펀딩

P2P대출은 대출형 크라우드펀딩입니다. 크라우드펀딩을 통해 자금을 모집하면 이 돈을 정해진 기간 내에 이자와 함께 되갚아야 합니다. 대출 기간과 약정 금리가 정해져 있고, 펀딩에 참여한 투자자들은 정해진 기간에 맞춰 이자와 원금을 회수합니다.

◆ 지분투자형 크라우드펀딩

지분투자형 크라우드펀딩은 기업의 기업공개IPO와도 비슷한 개념입니다. 투자자가 스타트업이나 특정 프로젝트의 아이디어와 사업계획을 살펴보고, 성공 가능성이 높다고 생각한다면 투자를 집행합니다. 투자에 따른 만기가 없고, 투자자는 지분이나 수익 증권 또는 별도의 보상품을 제공받습니다.

P2P대출이 일정 기간 동안 돈을 '빌려주는' 것이라면, 지분투자형 크라우드펀딩은 그 회사의 미래 가치를 보고 '투자'한다는 측면이 더 강합니다. 투자한 건이 잘되면 P2P대출보다 더 높은 수익률을 낼 수도 있지만, 반대로 아이디어가 현실화되지 못하거나 하면 원금 손실 가능성이 있습니다.

◆ 기부형 크라우드펀딩

기부형 크라우드펀딩은 앞서 언급된 두 유형의 크라우드펀딩과는 달리 말 그대로 순수한 기부 목적의 펀딩 형태입니다.

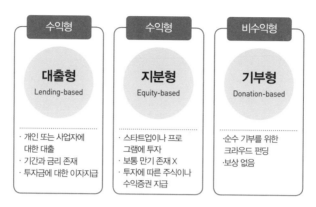

수익형	수익형	비수익형
대출형 Lending-based	**지분형** Equity-based	**기부형** Donation-based
· 개인 또는 사업자에 　대한 대출 · 기간과 금리 존재 · 투자금에 대한 이자지급	· 스타트업이나 프로 　그램에 투자 · 보통 만기 존재 X · 투자에 따른 주식이나 　수익증권 지급	· 순수 기부를 위한 　크라우드 펀딩 · 보상 없음

★★★ 복습하기 ★★★

P2P대출이란: 'Peer(사람) to(대) 사람(Peer)'간의 대출로, 은행, 증권사 등
기존 금융권을 통하지 않는 개인들 간의 대출거래
P2P금융을 구성하는 3요소: 차입자, 투자자, P2P회사

실전 P2P투자

　P2P투자법을 간략하게 소개합니다. 편의상 현재 한국P2P금융협회 회
장사인 테라펀딩의 투자 화면으로 설명합니다. 업체마다 세부 구성은 다
르지만, 정보는 비슷하므로 이 화면을 참고하셔도 충분합니다. 참고로 부
동산, 개인 신용 등 상품의 종류에 따라 투자 시에 살펴봐야 할 정보가 다
릅니다. 이는 2장, 3장에 걸쳐 자세히 다뤄볼 것입니다.

❶ 상품 유형을 간략하게 소개하는 부분입니다. 이 상품은 구로 천왕동
의 한 아파트를 담보로 돈을 빌려주는 투자 상품입니다.

❷ 모집하고 있는 투자금의 금액입니다. 총 5000만원을 모집하는데 현
재 4830만원96%이 모였다는 뜻입니다. 100%에 도달하면 투자금 절
차가 완료되고 대출자에게 모인 돈을 빌려주게 됩니다.

❸ 상품에 얼마를 투자하면 투자기간12개월 동안 이자를 얼마나 지급받
을 수 있는지 미리 보여주는 항목입니다. 100만원 투자 시에는 세금
원천징수 전에 이자 8만 3379원을 지급받을 수 있는 상품입니다.

❹ 연체나 부실 또는 조기 상환 등 돌발 상황이 발생하지 않았을 때, 예
상 수익률은 연 8.5%입니다.

❺ 투자 기간은 부실이나 연체 없이 약정대로 투자금 상환이 이뤄지면
투자자가 원리금을 돌려받는 기간을 의미합니다. 이 상품의 투자 기

간은 12개월이네요.

❻ 이 P2P회사에서 평가하는 이 투자 상품의 등급입니다. A대이니 꽤 높은 편입니다.

❼ 담보로 잡은 아파트의 LTVLoan to Value의 약자, 주택 가격에서 담보인정비율가 70%라는 의미입니다. LTV는 낮을수록 좋습니다.

대개 이런 기본 화면 밑에 투자 상품에 대한 세부 설명이 줄줄이 써 있습니다. 상품 설명에 대한 좀 더 자세한 내용은 3, 4장에서 자세히 다루겠습니다.

맘깐상식
P2P회사의 법적 구조 – 대부업

P2P투자에 대해 알아보다가 P2P회사가 '대부업'으로 분류돼 있어서 투자를 망설이게 되는 경우가 많습니다. 왜 '신금융' '핀테크' 등의 멋진 키워드를 내세우고 있으면서 이들은 '대부업' 꼬리표를 달고 있을까요?

그 이유는 현재 P2P금융에 대한 알맞은 규제 환경이 마련돼 있지 않아서입니다. 국내 금융법에는 P2P대출을 규정하는 법이 없습니다. 국내 P2P회사의 구조를 자세히 보면 2개의 회사로 구성돼 있습니다. 현행법을 지키면서 영업을 하기 위한 노력입니다.

❶ 번 회사

❶ TOGETHERAPPS

㈜투게더앱스 - 플랫폼 사업자

대표 : 김향주 | 사업자등록번호 : 293-88-00146
통신판매업 신고번호 : 제 2015-서울강남-03752호
소재지 : 서울시 강남구 테헤란로25길 34, 1층, 4층(역삼동, 삼보빌딩)
Tel : 1544-2499 | Fax : 02-539-0968 | E-mail : together.co.kr

❷ 번 회사

❷ TOGETHERAPPS

㈜투게더대부 - 연계 금융회사

대표 : 김향주 | 사업자등록번호 : 857-88-00404
P2P연계대부업 2018-금감원-1293 | 등록기관 : 금융감독원
소재지 : 서울시 강남구 테헤란로25길 34, 402호(역삼동, 삼보빌딩)
Tel : 1544-1201 | Fax : 02-539-0968

1번 회사는 투자자들을 상대하는 P2P회사 플랫폼운영회사, 2번 회사는 뒷단에서 대출 신청인에게 대출을 내주는 대부업체입니다. 이 대부업체는 P2P회사의 100% 자회사입니다. 이 대부업체는 P2P연계대부업체로 분류돼 금융위원회에 등록할 의무가 있습니다.

현행 P2P대출은 1번 회사, 즉 P2P회사 온라인 플랫폼 가 직접 대출을 내주는 게 아니라, 그들의 100% 자회사인 2번 회사, 연계대부업체를 통해 자금을 빌려줍니다. 왜 그럴까요? P2P회사가 스스로 대부업자로 등록하고 대출을 실시하는 것은 금지돼 있기 때문입니다. 지난 2007년 유권해석에 따라 대부업자는 공모사채 발행 등 불특정 다수로부터 자금을 조달하는 행위가 제한돼 있습니다.[2] 일부 P2P회사는

---

2) 온라인대출중개업에 관한 법률안 검토보고, 전상수 국회 정무위원회 수석전문위원

대부업체 대신 은행이나 상호저축은행과 연계해 영업하고 있습니다. 은행 등이 투자자의 투자금을 현금담보로 제공받고 차입자에게 대출을 실시하는 형태입니다.

차입자와 대출 계약은 연계대부업체가 맺고, P2P회사는 대출 계약으로 만들어진 원리금수취권 원금과 이자를 받을 권리 을 연계대부업체에서 사서 투자자들에게 판매하는 구조입니다. P2P회사는 대출에 대한 사후 관리 등의 명목으로 투자 금액의 1~4%정도를 수수료로 챙깁니다.

──────── ● 대부업 연계형 P2P회사의 영업 형태 ● ────────

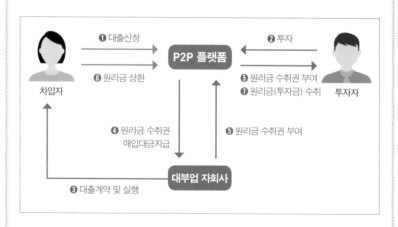

참고) 은행 연계형 P2P회사의 자금 흐름도는 다음과 같습니다.

P2P투자란 무엇인가

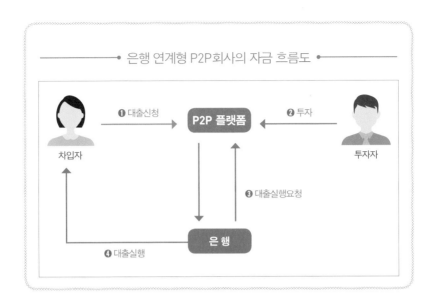

은행 연계형 P2P회사의 자금 흐름도

차입자 **①** 대출신청 → **P2P 플랫폼** ← **②** 투자 투자자

③ 대출실행요청

④ 대출실행 → **은 행**

P2P투자 관련 법안 살펴보기

현재 '대부업 등의 등록 및 금융이용자 보호에 관한 법률대부업법'에 기반해 금융위원회가 마련한 'P2P대출 가이드라인'이 시행 중인데, 이는 행정지도에 지나지 않아 엄밀히 따지면 법적 의무는 없습니다. P2P회사가 이 가이드라인을 지키지 않아도 처벌 등 불이익을 주기는 어렵다는 의미입니다.

대부업법 시행령에 따라 2018년 8월 말 이후 P2P회사의 자회사인 대부업체P2P연계대부업자는 금융위원회에 등록을 하고 영업해야 하지만, 투자자 보호라는 가치를 지키기에는 다소 미진합니다. 말 그대로 P2P대출과 연계해 영업하는 자회사인 '대부업자'만을 규제할 수 있어서, 사실상 P2P회사의 경영을 총괄하는 몸통 법인인 P2P플랫폼에 대한 직접 규율을 할 수 없기 때문입니다.

전상수 국회 정무위원회 수석연구위원은 "대부업법은 대부업자의 자기자본을 통한 단일 대주와 다수 차입자 간의 대부행위에 관한 규율체계이므로, 다수의 대주와 다수 차입자 간 대출행위가 이루어지는 P2P대출 산업의 특성과 맞지 않다"고 했습니다.

2019년에 P2P대출의 법적 성격을 규정하는 법이 마련될 가능성이 높다고 합니다. 새로 등장한 핀테크 산업을 규제할 새로운 법안을 마련하려다 보니 금융 당국도, 국회도, 업계도 신중하게 접근하고 있습니다.

현재 발의된 P2P대출 관련 법안은 5개입니다. 민병두, 박광온, 김수민, 이진복, 박선숙 의원 등이 법안을 발의했습니다. 이 중 민병두, 김수민, 이진복 의원이 새로운 제정법을 만들자는 입장이고, 박선숙 의원은 크라우드펀딩과 비슷하게 P2P대출을 규제하자고 하고 있습니다.

박광온 의원안은 현행 대부업법하의 구조를 유지하자는 입장입니다. 이렇게 하면 투자자 보호가 어려우니 언급하지 않겠습니다. 대부업법은 P2P대출의 체계상 적합하지 않습니다. 대부업법은 약탈적인 대부업의 고금리나 무리한 추심을 규제하는 '차입자돈 빌리는 사람'에 대한 보호장치만 있기 때문입니다. P2P대출업의 중요한 한 축인 '투자자'에 대한 보호장치가 부족합니다.

민병두·김수민·이진복 의원안 들여다보기

김대윤 한국핀테크산업협회장의 도움을 일부 받아 법안을 분석해봤습니다. 우선 민병두, 김수민, 이진복 의원안은 자기자금대출P2P대출회사의 대출 상품 투자을 일부 조건하에서 허용했다는 공통점이 있습니다. 이 법안들은 투자금을 P2P회사의 계좌 외 별도의 에스크로 계좌에 예치 투자금 별도 예치 하라고 명시하고 있습니다. P2P회사가 도산해 은행 계좌가 동결되면, 투자자가 본인의 투자금을 인출할 수 없거나 하는 투자자 피해를 막겠다는 차원입니다. 또 플랫폼 이용 수수료를 서비스 이용료라는 명목으로 따로 받을 수 있도록 근거를 마련했습니다.

민병두 온라인 대출 '중개'업

자기자본 납입자본금·자본잉여금·이익잉여금 등 합계 요건: 3억원

P2P대출회사의 법적 구조: 직접·간접형혼합

민병두 의원안은 법안 이름을 '온라인대출중개업'으로 했습니다. 이 법안은 '중개'라는 기능에 집중해 P2P회사를 규제하고자 합니다. 좋은 대출 수요자를 찾아서 투자자에게 '연결'하는 데 집중하자는 취지입니다. P2P회사의 역할을 중개로 한정짓는 성격이 강하다 보니, 이 법안에 따르면 P2P회사의 정체성은 지마켓, 옥션과 같은 '오픈 마켓 플레이스'가 돼 버린다는 게 업계 관계자들의 분석입니다.

P2P회사의 업무 영역은 크게 3개 분야로 분류할 수 있습니다. ①대출자에게 돈을 '빌려주기' ②투자자의 돈을 '투자받기' ③대출자를 심사·평가하기, 추심하기 등 '관리업무' 등입니다. 민병두 의원안처럼 '중개' 기능을 강조하게 되면, P2P회사의 업무영역 중 ③심사·평가에 대한 법적 근거가 부족해진다고 합니다. 여기에 더해, 법안에 따르면 현재 일부 P2P회

사가 하고 있는 투자 상품에 대한 사후 관리^{부동산PF의 경우 건물이 일정대로 올}라가고 있는지 관리하기, 연체와 부실에 대한 추심 등의 부문은 '중개'라는 범위를 넘어서게 됩니다.

이 때문에 전문가들은 첫 P2P대출 관련 제정법안인 이 법안의 취지에는 공감하지만 일부 수정이 필요하다고 지적합니다. 국회 입법조사처는 이 법안에 대해 "온라인대출'중개'업이라는 용어와 그 업역의 내용^{자기자금 투자 포함}이 다소 상충된다고 볼 여지가 있으므로 '중개'라는 용어의 수정을 고려할 필요도 있다"고 했습니다.

김수민 & 이진복

김수민 의원안과 이진복 의원안은 큰 틀에서 비슷한 요소가 많습니다. P2P회사가 일정 조건하에서 대출채권에 자기자금을 투자할 수 있도록 했습니다. 또 두 법안은 현행 연간 2000만원^{이 중 부동산 P2P투자액은 1000만원 한도}으로 정하고 있는 금융위원회의 P2P대출 가이드라인과는 달리 투자자의 투자 한도도 없습니다. 참고로 민병두 의원안은 연간 투자 한도를 정부가 시행령으로 정할 수 있도록 했습니다.

김수민 의원안 (온라인 대출거래업 및 이용자 보호)	이진복 의원안 (온라인투자연계금융업 및 이용자 보호)
자기자본 요건: 3억원 P2P대출회사의 법적 구조: 직접형	자기자본 요건: 5억원 P2P대출회사의 법적 구조: 간접형

국회 입법조사처는 법안 이름에 대해서는 이진복 의원안^{온라인투자연계금}^{융업}이 좀 더 적절하다고 보고 있습니다. 김수민 의원의 '온라인 대출'이란 표현은 P2P대출뿐 아니라 온라인으로 이뤄지는 대출을 일반적·포괄적으로 의미할 수 있기 때문입니다. 이진복 의원안은 P2P대출을 '투자연계대출'로 정의하고 있습니다. 입법조사처는 "P2P대출을 특정하기 위한 용어로는 특정 차입자에 대한 대출을 목적으로 투자가 이뤄지고, 이 투자자금에 기초해 대출이 이뤄지는 특성을 나타낼 수 있는 '투자연계대출'이란 용어가 보다 적합할 것"이라고 했습니다. 참고로, 이진복 의원안은 가장 P2P대출업계의 의견이 많이 반영된 법안이라는 평가를 받습니다.

김수민·이진복 법안의 차이점은 직접형이냐, 간접형이냐에 있습니다. 김수민 의원안은 직접대출형으로서, 온라인 대출거래업을 투자자와 대출자가 직접 대출 계약을 맺는 것으로 정의합니다. 영국식 모델과 유사하게 P2P회사는 계약의 주체가 아니라 중개를 하는 존재로 남습니다. 이 구조의 장점은 P2P회사가 망하더라도 투자자들이 원리금 상환을 받을 수 있다는 점입니다. 이 대출 계약은 P2P회사가 망하든 말든, 투자자와 차입자 두 주체간의 계약이기 때문입니다. 다만, 차입자가 다수의 채권자로부터 상환독촉을 받을 수 있어 차입자 보호가 미흡할 수 있습니다.

이진복 의원안은 간접대출형을 택하고 있습니다. 간접대출형은 투자자와 P2P업체 간 투자계약, P2P업체와 차입자 간 대출계약이 각각 체결됩니다. 즉, 투자자와 차입자 간에는 직접적인 대출계약이 없습니다. 이 방식은 차입자 보호가 직접대출형보다 용이하지만, 투자자금 별도예치 또는 신탁 의무화 등의 보완장치가 없는 경우 P2P업체의 도산에 따른 위험을 투자자가 부담하게 될 우려가 있다고 합니다.

— 간접대출형: 이진복 의원안의 P2P대출 구조 —

참고로, 현행 P2P대출중개업의 법적 구조는 아래 그림과 같습니다.

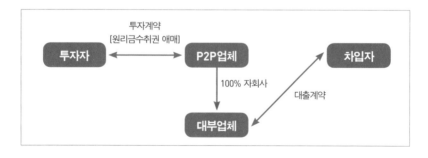

출처: 국회 입법조사

구분	P2P대출 가이드라인	온라인대출중개업에 관한 법률안 (민병두의원 대표 발의)	온라인 대출거래업 및 이용자 보호에 관한 법률안 (김수민의원 대표 발의)	온라인투자연계금융업 및 이용자 보호에 관한 법률안 (이진복의원 대표 발의)
중개양식	–	혼합	직접중개형	간접중개형
투자한도	개인: 업체당 1천만원(부동산 이외는 2천만원), 소득요건 구비 시 4천만원 법인: 없음	투자한도를 대통령령으로 정하도록 함 (제21조)	–	–
자기자본대출	금지	–	제한하되, 모집이 95% 이상 완료된 경우에만 자기자본규모 이내 허용 (제12조)	대출목적투자 허용하되 총 투자금액을 자기자본 이내로 규정 (제15조)
차입자한도	–	개인 1억원, 소상공인 5억원, 그 이외 법인 10억원 (제20조)	–	–
수수료	수수료 등 부대비용을 간주이자로서 최고금리 규제 대상으로 봄	대통령령으로 정하는 바에 따라 서비스 이용료를 수취 가능(제8조)	대통령령으로 정하는 바에 따라 수수료를 수취 가능(이자와 수수료의 구분을 명시함, 제14조)	서비스 이용료 수취 가능(이자와 수수료의 구분을 명시함, 제11조)

구분	P2P대출 가이드라인	온라인대출중개업에 관한 법률안 (민병두의원 대표 발의)	온라인 대출거래업 및 이용자 보호에 관한 법률안 (김수민의원 대표 발의)	온라인투자연계 금융업 및 이용자 보호에 관한 법률안 (이진복의원 대표 발의)
이자소득 간주	-	투자이익을 소득세법에 따른 이자소득으로 간주 (제22조)	-	-
정보공개	사업정보, 차입자에 대한 제공정보, 투자자에 대한 제공정보 규정	거래구조, 대출잔액, 연체율 등 업자 정보제공(제7조), 투자위험 추심절차 등 투자자 제공 정보 (제14조)	거래구조, 대출잔액, 연체율 등 사업정보 공개(제10조), 거래 위험, 추심절차 등 온라인 차입자를 위한 정보공개 (제19조)	거래구조, 대출잔액, 연체율 등 업자정보 공개(제10조), 투자위험, 추심절차 등 투자자에 대한 정보제공 (제19조)

또 김수민 의원안은 P2P회사가 자신들의 상품에 투자자로 참여할 수 있는 자기자금투자에 대해 투자금이 95% 이상 모집된 경우 미달 금액을 채울 수 있도록 예외를 뒀습니다. 이진복 의원은 다른 조건 없이 자기자본의 100%까지만 투자할 수 있도록 했습니다.

P2P대출업을 하고 싶은 사람의 자격

이진복 의원안은 김수민, 민병두 의원안과 달리 P2P대출업을 주식회사만 할 수 있다고 한정지었습니다. 주식회사는 이사회·감사 관련 규정이 유한회사 등에 비해 엄격합니다. 회사 운영의 투명성이 높아질 것을 기대할 수 있습니다. 민 의원과 김 의원은 이 자격 요건을 법인으로 했습니다.

박선숙 의원안 자본시장과 금융투자업에 관한 법률 일부개정안

자기자본 요건: 5억원

투자 한도: 연간 동일 차입자 누적 투자 금액 1000만원, 연간 총 누적 투자 금액 2000만원

P2P투자 행위를 '금융투자'로 정의하고자 하는 이 법안은 크라우드펀딩법 온라인소액투자중개법 의 논리를 따릅니다. P2P회사를 '온라인투자연계금융업자', 즉 금융투자업자의 일종으로 정의해 크라우드펀딩법에 준하는 규율을 적용하겠다는 취지입니다. 크라우드펀딩과 마찬가지로 온라인투자연계금융을 통해 발행된 증권을 예탁결제원에 예탁하거나 보호예수해야 한다는 조항도 있습니다.

P2P투자와
예적금 · 주식 · 펀드 · 암호화폐 차이

"대중을 꿰뚫어보고 진실을 찾아낼 수 있다면,
엄청난 성과를 거둘 수 있을 것이다."
– 필립 피셔

이번 장에서는 P2P투자가 주식 · 펀드 · 암호화폐 등과 다른 점을 다룹니다.

제한 없는 투자 대상

P2P투자를 하면 그동안 일반 투자자들에게 개방되지 않고 일부 자산가나 금융기관이 사모펀드를 통해 참여하던 대체투자를 경험할 수 있습니다. 대체투자는 주식이나 채권 등 일반적인 금융투자 상품이 아닌 부동산, 헤지펀드, 원자재, 선박, 전환사채CB 등 다양한 대상에 대한 투자 방식입니다.

개인투자자가 은행이나 증권사 창구에서 흔히 가입할 수 있는 펀드는 공모펀드입니다. 공모펀드는 투자처가 주식과 채권 등으로 한정돼 있습니다. 하지만 공모펀드에 비해 수익률이 높은 사모펀드는 규제가 엄격해서 운용 형태를 제한받는 공모펀드와 달리 투자 대상에 제한을 거의 받지 않습니다. 사모펀드를 통하면 국내외 부동산, 비상장기업의 주식 또는 항공기, 금 등 실물자산 등 다양하게 투자할 수 있습니다.

사모펀드는 공모펀드에 비해 수익률이 대체로 더 높고, 투자 위험에 따라 투자금 손실 가능성도 더 높습니다. 그래서 사모펀드에 투자할 수 있는 투자자는 일정 수준의 위험감수능력이 있는 투자자^{적격투자자}로 제한돼 있습니다. 기관투자자 등 전문투자자와 펀드 별로 1억원 이상 투자할 수 있는 투자자 외에 일반 대중은 참여할 수 없습니다. 개인투자자가 사모펀드에 투자하려면 금융기관 VIP센터에 드나들 수 있는 자산가쯤은 돼야 한다는 의미입니다. 수익률이 높다지만, 사모펀드는 일반 개인투자자들에게는 그림의 떡과 같은 투자처인 셈입니다.

P2P회사들은 사모펀드가 하던 대체투자를 일반 개인 투자자들에게 공개했습니다. 이 까닭에 P2P투자를 '투자의 민주화'로 부르기도 합니다. 대표적인 사례가 부동산 P2P투자입니다. 평범한 개인에게 부동산 투자란 대출을 껴서 집과 건물을 사고, 가격이 오르기를 수년간 기다리거나 혹은 집을 사서 임대를 놓고 세를 받는 것이 일반적이었습니다. 하지만 P2P회사를 통하면 그렇게 오랜 기간 돈을 묶어놓을 필요도 없이, 몇 개월 동안만 부동산에 투자하는 것도 가능합니다. 부동산 투자의 유형이 아파트를 구매하는 것에 한정되지도 않습니다. 사모펀드처럼 건물을 짓는 단계에서도 투자를 할 수도 있고, 다른 사람 소유의 아파트를 담보로 돈을 빌려줄 수도 있습니다.

사고 팔지 않으며 시세 차트가 없다

P2P투자는 주식이나 암호화폐와 달리 매일 차트를 들여다보면서 내가 산 종목의 등락을 확인하고 일희일비하지 않아도 됩니다. 주식의 경우 개별 종목에 투자를 할 때 신경써야 할 것이 정말 많습니다. 거시경제의 움직임과 그에 따른 주식 시장 전체의 흐름을 알아야 하며, 개별 종목의 이슈도 파악해야 합니다. 가격이 올랐을 때와 내렸을 때는 사고 파는 시점도 신중하게 고민해야 합니다.

P2P투자를 하면 투자자는 투자금을 넣고 약정된 상환일이 되면 원금과 이자를 주기적으로 상환받습니다. 투자자는 투자를 결정하는 시점에 P2P회사가 제시한 상품 설명을 살펴봅니다. P2P투자는 연체나 부실, 조기 상환 등의 리스크가 없다는 전제 하에는 투자 기간 동안 예상수익률에 큰 변동이 없습니다. 주식투자와 달리 투자금 회수 기간 중에 수익률이 큰 폭으로 오르내리지 않는다는 의미입니다. P2P투자는 투자 이후 만기까지 기다리기만 하면, 투자 기간 중 종목을 바꾸는 등의 노력을 하지 않아도 됩니다.

P2P투자는 투자 기간 동안 한 달에 한번 정도 P2P회사의 홈페이지에 접속해 이자를 챙기면 됩니다. 궁금하다면 투자한 채권이 제대로 관리되고 있는지 살펴보면 됩니다. P2P투자를 하면 이미 투자한 상품으로부터는 자유를 얻고, 새로운 투자처를 발굴하는 데에 시간을 효율적으로 쓸 수 있습니다.

공인인증서 없는 온라인 간편 투자

P2P투자를 시작할 땐 회원 가입 등에 10여 분이 소요됩니다. 공인인증서도 필요 없습니다. 간편함을 내세우는 금융권 비대면 계좌 개설과 비교해도 훨씬 간편합니다. 본인 인증을 위해 신분증 촬영이나 영상통화 등의 절차도 거치지 않아도 됩니다. 데스크톱으로 금융 거래를 할 때 우리를 괴롭히는 '엑티브X'나 온갖 보안프로그램을 설치하기 위해 웹 브라우저를 껐다켰다 하지 않아도 됩니다. 온라인 쇼핑을 하는 것처럼 투자를 할 수 있으니, 금융거래를 위해 할 수없이 거쳐야했던 절차에 쏟아야만 하는 시간도 적습니다. P2P대출을 '핀테크'로 분류하는 이유 중 하나도 이 같은 편리함 덕입니다.

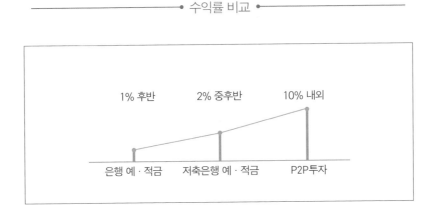

※ 은행·저축은행은 2019년 2월 은행연합회·저축은행 중앙회 공시자료 참고

해외시장 동향

미국, 영국 중국 등 해외 주요국의 P2P대출[3]

P2P대출은 미국, 영국, 중국에서 활성화 돼 있습니다. 영국에서는 P2P회사 조파Zopa가 2005년 첫 영업을 시작했고 이후 미국의 프로스퍼 Prosper와 렌딩클럽이 설립됐습니다. P2P대출은 2013년 이후에는 중국에서 폭발적으로 활성화되기 시작했습니다. 한국소비자원에 따르면 전 세계 P2P대출 시장 규모는 지난 2015년 1317억 3000만달러로 2013년에 비해 13.5배 성장했습니다. 최근 3년간 연평균 성장률은 267.9%에 달했습니다.

---

[3] 한국소비자원. 2016.06. 온라인 P2P대출 서비스 실태조사

영국: 적극 육성

영국의 조파Zopa는 전세계에서 처음으로 생긴 P2P회사입니다. 영국 인디 펜던트에 따르면 2019년 1월 현재까지 조파의 누적 대출액은 40억파운드약 5조 7000억원에 달합니다. 조파는 자동차 대출과 모기지 차환 상품을 출시하며 투자 상품의 포트폴리오를 넓혔고 디지털 은행 라이선스를 취득할 예정입니다. 조파는 2013년에는 대출자의 채무불이행으로 인한 투자자 손실을 쌓아둔 기금 내에서 보상하는 세이프가드Safeguard 제도를 도입했습니다.

이외에도 펀딩서클, 레이트세터 등 2010년에 뒤따라 설립된 회사들도 활발히 영업 중입니다. 영국 정부는 나아가 펀딩서클, 조파 등을 통해 창업자와 중소기업을 지원하며 P2P회사들을 통해 공적 자금을 집행하기도 했습니다. '핀테크 허브'라는 이점을 살린 혁신적인 규제 환경으로 영국은 P2P대출의 요람으로 거듭났습니다.

영국 정부는 허가한 P2P회사에 한해 투자자가 개인종합자산관리계좌ISA로 투자 시 P2P투자 수익에 비과세 혜택을 주는 IFISA 혁신금융ISA, Innovative Finance Individual Savings Account 에 투자처로 입점할 수 있는 권한도 줍니다. 2017년 말 펀딩서클과 레이트세터가 IFISA에 참여 허가를 받았습니다. 영국의 ISA는 현금 ISA, 채권, 주식 ISA, 혁신금융 ISA 등 3가지 종류가 있는데, 비과세 혜택은 이 세 종류의 ISA 투자금을 합해 2만파운드약 2900만원 한도 내일 때 제공됩니다.

금융상품을 포괄적으로 규율하는 금융서비스·시장법Financial Services and

Markets Act에서 P2P회사를 "전자 시스템 안에서 대출 관련 업무를 영위하는Operating an electronic system in relation to lending" 존재로 정의합니다. 즉 P2P대출을 독자적인 금융 서비스financial service의 한 형태로 규정하고 있습니다. 투자자와 차입자가 P2P회사 플랫폼을 통해 직접 계약을 체결하도록 하는 직접대출형입니다. 현재 우리나라 국회에 발의된 P2P대출 관련 법안 중 투자자와 차입자 간 직접 계약을 명시하고 있는 김수민 의원안과 비슷한 구조라고 볼 수 있습니다.

미국: 렌딩클럽 상장, 부실 대출 파문

미국 최대 P2P회사 렌딩클럽Lending club은 2014년 미국 뉴욕증권거래소에서 화려하게 상장하면서 성장 가능성을 인정받았습니다. 한때 이 회사의 시가총액은 9조 5000억원에 달했습니다. 2019년 1월 기준 렌딩클럽의 누적 대출액은 약 420억달러약 47조원로, 미국의 대표적인 핀테크 공룡입니다. 지난 2011년부터는 기관투자자들을 유치해 그 규모를 키웠고 자동차 대환 대출로 사업을 확장했습니다. 렌딩클럽은 독특하게도 유나이티드항공과 독점 파트너십을 체결하고 마일리지 플러스 회원들이 대출을 받거나 투자를 할 경우에 항공마일리지를 보상으로 지급하기도 합니다.

미국시장 2위 업체는 지난 2006년 출범한 프로스퍼Prosper로, 누적대출액이 100억 달러약 11조원에 달합니다. 이외에도 중소기업 대출 전문 온덱Ondeck과 오차드Orchard, 키바Kiva 등이 있습니다.

미국은 영국보다 늦게 P2P대출이 활성화됐지만, 성장속도는 더 빨랐습니다. 그 이유 중 하나는 기관들이 P2P투자에 참여했기 때문입니다. 미국의 P2P대출 시장은 은행 등 기관이 주요 투자자입니다. 2015년 말 기준 금융 기관이 렌딩클럽과 프로스퍼에 투자자로 참여한 비중은 각각 82%, 95%였습니다. 이 때문에 미국에서는 '개인'간의 거래에 방점을 둔 용어인 '개인 간 대출Peer to Peer Lending' 보다는 기관의 참여를 포괄하는 '마켓플레이스 렌딩Marketplace Lending'이라는 용어가 널리 쓰입니다.

기관 투자자는 대부분의 개인 투자자보다 리스크를 분석하는 능력이 뛰어납니다. P2P회사의 심사 능력을 검증하고, 회사의 신뢰도를 파악하기 위해 실제로 대출이 집행됐는지도 꼼꼼하게 확인합니다. 이는 사실 개인 투자자가 하기에는 어려운 영역입니다. 영국에서는 미국보다 늦은 2014년에 기관이 P2P대출에 투자자로 참여하기 시작했습니다.

미국은 P2P대출에 대한 법적인 정의를 새로이 도입하지 않고, 이들 업체가 발행한 대출증서loan note를 증권법Securities Act상 증권Securities으로 보고 증권감독기구인 SEC의 규제를 받도록 하고 있습니다. 쉽게 말해 P2P대출채권을 기반으로 자산유동화증권ABS을 발행하는 방식을 취하고 있습니다. P2P회사가 발행한 대출 증서를 연계 은행을 통해 대출하는 간접 대출형이라고 해석할 수 있습니다. 현재 우리나라에 발의된 P2P대출 관련 법안 중 P2P회사의 법적 구조를 간접 대출형 구조로 정의를 내리는 이진복 의원안과 비슷하다고 볼 수 있습니다.

중국: 초고속 성장 꺾이고 부실·사기 논란

초고속 성장세를 보이던 중국의 P2P대출은 2018년부터 P2P회사의 부실이 사회 문제로 떠오르면서 주춤하고 있습니다. 한국금융연구원에 따르면 2018년 1~6월 중국의 P2P회사 중 약 150개가 부실 회사로 분류됐습니다. 부실 회사는 투자자가 자금 인출을 할 수 없거나, 경찰 수사가 개시됐거나, 경영진이 도주한 회사들을 의미합니다.

이 때문에 중국에서는 돈을 떼일 위기에 놓인 피해자들의 시위가 잇따릅니다. P2P회사인 퍄오퍄오먀오PPMiao 투자자 300여 명은 2018년 8월 상하이에서 시위를 벌였습니다. 퍄오퍄오먀오는 약 36만 명의 회원으로부터 49억 위안약 8000억원의 자금을 모았는데, 일부 차입자가 제때 상환을 하지 않아 투자자들은 사실상 돈을 받지 못할 것으로 보고 있습니다.

한국시장 세대 변화

"사업을 정확하게 판단하는 것과 동시에,
시장 심리에 휩쓸리지 않으면 성공한다."
– 워런 버핏

빠르게 성장한 한국 P2P투자 시장

국내 P2P대출산업은 지난 2014년 전후로 폭발적으로 성장하다가, 2017년 하반기부터 서서히 불성실한 P2P회사들이 시장에서 퇴출되며 조정 기간을 거치고 있습니다. 한국P2P금융협회에 따르면 2018년 11월 말 기준 누적대출취급액은 3조 602억원입니다. 지난 2017년 11월 1조 6516원에서 1년 만에 2배 가까이 빠르게 늘어났습니다.

♦ P2P투자 1세대 2007년~2013년: 산업 태동기

국내 1세대 P2P회사는 '팝펀딩'입니다. 지난 2007년 문을 연 팝펀딩은 개인신용대출, 법인신용대출, 부동산 부실채권NPL 등을 취급하는 회사입니다. 팝펀딩은 문재인 대통령과도 인연이 깊습니다. 2017년 대통령 선거

기간, 당시 문재인 더불어민주당 후보는 P2P회사를 통해 '문재인 펀드'를 출시했는데, 팝펀딩이 자금 모집 집행사로 참여했습니다. 당시 문재인 펀드는 문 후보가 대통령에 당선될 경우 지급받는 국고 보조금을 담보로 한 '3개월, 연 이자 3.6%'짜리 P2P투자 상품이었습니다. 당시 1시간 만에 330억원이 모였습니다. 문 대통령은 지난 대선에서 약 483억원을 썼습니다. 선거 자금의 약 68%를 팝펀딩과의 협업으로 모금한 셈입니다.

♦ P2P투자 2세대 2014년~2016년 : 금리 절벽 공략

지금의 폭발적인 성장세를 견인한 2세대 P2P회사들은 주로 2014~2015년에 사업을 시작했습니다. '테라펀딩' '피플펀드' '어니스트펀드' '렌딧' '펀다' '8퍼센트' '투게더펀딩' 등이 이 시기에 사업을 시작했습니다. 대부분 대표의 나이가 20~30대로 젊고, 금융의 혁신을 이뤄내겠다는 목표를 강조하는 성향이 강합니다. 이들은 현재도 선두 P2P회사로서 P2P대출 시장을 이끌어나가고 있습니다.

2세대 P2P회사들의 성장에는 수년간 이어진 저금리 기조가 배경으로 작용했습니다. P2P대출 시장이 본격적으로 활성화되기 시작한 지난 2014년 한국은행 기준금리는 2.00%였습니다. 기준금리가 내려가면서 시중은행의 예적금 금리도 함께 떨어졌습니다. 그 해 소비자물가상승률이 1.3%였으니, 은행에 돈을 넣어둬도 물가상승률을 간신히 웃도는 정도밖에 안되는 수준이었던 셈입니다. 당시 마땅한 투자처를 찾지 못했던 잉여자금들이 P2P투자로 몰렸습니다.

P2P투자란 무엇인가

◆ P2P투자 3세대 2016년~2017년 : 후발대 출발

2세대 P2P회사의 약진이 이어지는 가운데 2016년부터는 3세대 P2P 회사들이 등장합니다. 기존 제도권 금융회사에서 부장, 임원까지 지내면서 오랜 기간 경력을 쌓은 전문가들이 P2P대출에 본격적으로 진입합니다. 삼일회계법인에서 전무를 지낸 서준섭 대표가 창업한 '비욘드펀드' 키움저축은행의 여신 총괄 임원을 지낸 홍승욱 대표가 있는 '줌펀드', 리즈스톤투자자문과 레전드파트너스에서 펀드매니저를 지낸 김운하 대표가 창업한 '칵테일펀딩' 등이 있습니다.

이때부터 P2P대출채권에 자산운용사가 모집한 사모펀드가 자금을 투자하기 시작했습니다. 개인들보다 자금력이 막강한 자산운용사가 투자자로 참여하면서 P2P산업의 규모가 더욱 빠르게 성장할 것으로 예상합니다. 자산운용사는 대부분의 개인투자자보다 대출 심사 역량이나 대출 집행 후 사후 관리 능력 등을 비교적 꼼꼼히 확인합니다.

◆ P2P투자 4세대 2018년~ : 부실회사 퇴출, '옥석 가리기'

2018년도 전후로는 P2P회사의 옥석가리기가 시작됐습니다. 2세대 P2P회사들을 위주로 투자금 쏠림 현상이 나타났습니다. 테라펀딩, 피플펀드, 어니스트펀드 3사가 모집한 신규 투자금이 업권 전체의 절반 이상을 차지하는 수준이었습니다.

이 시기 핀테크 금융과 기술의 결합 산업의 총아로 주목받던 P2P대출 산업은 사기·횡령 등의 사건사고가 발생하면서 '문제아'로 눈총을 사게 됐습니다. 일부 회사들 중 P2P회사의 탈을 쓰고 투자금 '돌려막기'와 같은 사기 행위를 벌인다든지, 투자금을 제대로 관리하지 않아 원금 손실을 보게

한다든지 하는 곳들이 있어, 투자자 피해가 발생했습니다.

각종 사건사고를 거치며 P2P대출에 대한 법을 제정해 하루 빨리 금융 당국의 감독 아래 둬야 한다는 목소리가 더욱 높아졌습니다. P2P대출은 사실상 무법지대에 놓여 있는 상황이기 때문입니다. 지난 2017년 2월 도입된 금융위원회의 P2P대출 가이드라인은 처벌 규정은 따로 없는 행정지도에 불과해 강제성이 없습니다. 사실 P2P회사가 위법 행위를 벌이더라도 처벌할 법적 근거가 딱히 없습니다.

그리고 P2P회사들이 모여 설립한 이익단체인 한국P2P금융협회는 2018년 들어 두 갈래로 분리됐습니다. 기존의 '한국P2P금융협회'와 인터넷기업협회 산하의 '마켓플레이스금융협의회'로 양분됐는데요, P2P협회에는 주로 부동산 투자 상품을 취급하는 P2P회사들이 남았습니다. 현재 협회장은 테라펀딩의 양태영 대표가 맡고 있습니다. 마켓플레이스금융협의회는 렌딧, 8퍼센트, 팝펀딩 등 신용대출 위주로 취급하는 P2P회사들이 P2P협회를 탈퇴하고 2018년 10월 5일 새로 발족한 단체입니다. 협의회 운영위원장은 렌딧의 김성준 대표가 맡고 있습니다. 12월 들어서는 자영업자 신용대출을 전문으로 하는 '펀다'도 마켓플레이스금융협의회 회원사로 들어왔습니다.

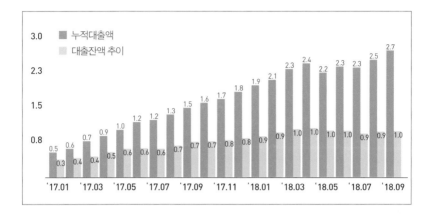

∴ 렌딧(4월), 8퍼센트(5월), 팝펀딩(5월), 루프펀딩(7월) 등
4개 회사의 협회 이탈에 따른 대출액 통계치 감소

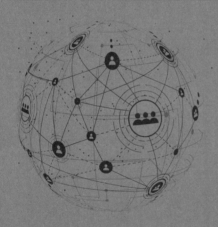

PART 2

P2P투자의
이해

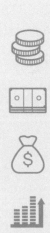

투자 전 꼭 해야 할
위험 성향 테스트

"잭팟을 터뜨렸다고 말하는 사람들을 부러워해서는 안 된다.
이것이 성공적인 투자의 핵심이다."
– 워런 버핏

금융기관에서 펀드를 가입하고자 할 때, 투자자는 '위험 성향 테스트'를 투자를 최종 결정하기 전에 꼭 해야 합니다. 이 테스트는 어느 정도의 손실을 감수를 할 수 있는지 스스로 가늠할 수 있도록 돕는 과정입니다. 마치 한약을 지을 때 소양인, 소음인, 태양인, 태음인 등 체질 테스트를 하는 것과 같습니다. 아무리 몸에 좋다고 소문난 보약이라도 내 체질과 맞지 않으면 말짱 도루묵인 것처럼 투자도 마찬가지이기 때문입니다.

투자 성향 테스트 이후 P2P투자가 본인 성향에 안 맞는다면 하지 않는 게 좋습니다. 반대로 테스트를 마치고 '이 정도 리스크는 감내할 수 있겠는데?' 싶다면 P2P투자를 하시기를 권합니다. 자기 성향을 모른 채 투자했다가는 초반에 운 좋게 수익을 거두더라도 나중에 손실을 겪게 된다면 정신적 충격에서 벗어나기 어렵기 때문입니다.

가장 손쉽게 할 수 있는 테스트는 고용노동부에서 제공하는 '투자 성향 테스트'[4]입니다 구글이나 네이버 등 포털사이트에 '고용노동부 투자 성향 테스트' 또는 '위험 성향 테스트'라고 검색하면 쉽게 찾을 수 있습니다. 투자자의 금융상품에 대한 이해도, 투자 경험, 투자 예상 기간, 월 소득 대비 투자 및 저축가능 자금의 비중, 현재와 미래의 수입원, 투자목적, 기대수익과 손실감수, 파생상품 투자경험 등을 점검하는 문항으로 구성돼 있습니다.

고용노동부에서 제공하는 테스트의 결과는 투자자의 성향을 다섯 단계로 분류합니다. 성장형, 성장추구형, 위험중립형, 안정추구형, 안정형으로, 앞 순서대로 공격적인 투자 성향을 지닌 투자자, 높은 수익을 위해 투자금 손실 위험을 어느 정도 감수할 수 있는 투자자로 분류됩니다.

성장형~성장추구형은 높은 수익률을 낼 수 있는 공격적인 포트폴리오를 추천받습니다. 이 유형의 투자자들은 주식이나 주식형 펀드, ELS 등을 추천받을 것입니다. 반대로 '소소하게 은행 금리보다 조금 높은 수익을 내고 싶다'는 안정추구형~안정형은 보수적인 포트폴리오를 안내받습니다.

P2P투자에 딱 맞는 성향은 바로 성장형, 성장추구형 투자자입니다. '투자원금의 보전보다는 위험을 감내하더라도 높은 수준의 투자수익을 추구'하는 사람들에게 P2P투자가 어울립니다.

다음 문항들은 위에 소개한 고용노동부의 투자 성향 테스트에 나오는 질문들을 단순화해서 임의로 만든 OX 문답입니다. P2P대출업계에서 "P2P투자를 하면서 이 정도까지 욕심내면 안 된다"고 통용되는 기준을 자의적으로 구성했습니다.

---

4) https://www.moel.go.kr/pension/simulation/tendency-1.do

P2P투자란 무엇인가

1. 현재 일정한 수입이 발생하고 있으며, 향후 현재 수준을 유지하거나 증가할 것으로 예상된다.

2. 나이가 30~50대다.

3. 투자하고자 하는 자금의 투자 가능 기간이 1년 이상이다.

4. 주식과 채권의 차이점을 구분할 수 있다.

5. 현재 투자하고자 하는 자금이 전체 금융자산(부동산 등을 제외)의 비중이 20% 이하다.

6. 크라우드펀딩의 개념을 설명할 수 있다.

7. 투자 원금의 20% 까지는 손실을 감내할 수 있다.

8. 마이너스 통장 등 대출금으로 투자하지 않을 것이다.

9. P2P투자의 목표 수익률이 연 15% 이하다.(세전)

10. 부동산 PF와 부동산 담보대출의 차이점을 설명할 수 있다.

○ **9개 이상:** P2P투자를 하셔도 되겠어요.

○ **6개 이상:** 잠깐 멈추고 P2P투자가 뭔지 알아보셔야 해요.

○ **4개 이하:** P2P투자는 다시 생각해보세요.

P2P투자는 원금 보장 상품이 아니므로 투자금 손실 가능성이 있습니다. 우리가 펀드를 금융회사에서 가입하지만 손실이 나는 것처럼요. 펀드 등 기존 금융 상품과는 달리 P2P투자는 본격적으로 활성화된 지 4~5년이 채 안 된 신생 산업이니, 더욱 조심하면서 투자해야 합니다.

P2P투자의
5대 기본 원칙

"이익이 확실할 때만 움직여라.
이건 가장 기본적인 것이다."
– 찰리 멍거

이 장은 첫 투자를 하기 전에 반드시 유념해야 할 자세에 대한 내용입니다. 실제로 투자를 할 때 꼭 지켜야 할 사소하지만 기본적인 원칙들을 담았습니다.

P2P대출은 본격적으로 성장한 지 4~5년밖에 안 된 성장 초기 산업입니다. 리스크도 높기 마련입니다. P2P투자가 아무런 위험이 없는 안전한 투자라면 모든 사람들이 P2P투자를 하겠지만, 그렇지 않습니다. 주식, 펀드 등 다른 재테크 수단과 마찬가지로 자신만의 기준으로 P2P회사와 투자 상품을 분석하고, 질 좋은 투자처를 골라내는 안목을 갖춰야 성공적인 투자를 할 수 있습니다.

금융감독원은 "P2P투자 상품은 예·적금, 펀드 등 제도권 금융 상품이 아니므로 일반적인 투자 상품보다 투자자 본인의 리스크 관리가 중요하

다"고 강조했습니다.[5]

P2P투자를 시작하면 마치 인터넷 쇼핑에 빠지듯 '투자 중독'에 빠지는 경우도 종종 있습니다. 뭔가에 홀린 것처럼 거액을 손쉽게 P2P투자에 쏟아넣기도 합니다. 하지만 부실한 P2P회사나 상품에다가 돈을 넣었다가는 수익을 내기는커녕 원금도 잃을 수 있습니다. 따라서 자신만의 확고한 기준을 세우고 그 기준에 미달하면 투자를 과감하게 포기해야 합니다.

보고 싶은 것만 보고, 믿고 싶은 것만 믿는 '확증 편향'의 덫에 걸리지 않도록 조심해야 합니다. 믿을 만하고 안정적인 상품이라고 한번 믿기 시작하면 신뢰할 수 있는 근거가 되는 정보만 선별적으로 눈에 들어오기 마련입니다. 투자의 귀재 워런 버핏은 "사람들이 가장 잘하는 것은 기존의 견해들이 온전하게 유지되도록 새로운 정보를 걸러내는 일"이라고 지적했습니다. 워런 버핏이 성공적인 투자자가 될 수 있었던 비법 중 하나는 확증 편향을 경계하고 자신의 견해와 다른 정보도 받아들인 덕일 것입니다. 성공적인 P2P투자를 위해 지켜야 할 다섯 가지 기본 원칙을 알아보겠습니다.

원칙 1. 계란을 한 바구니에 담지 말라

"계란을 한 바구니에 담지 말라"는 격언은 주식 투자뿐 아니라 P2P투자 시에도 마찬가지로 적용됩니다. 계란을 한 바구니에 몽땅 담았다가 자칫 한 번에 모두 깨질 수도 있으니, 분산투자를 하는 것이 중요하다는 의

---

5) 금융감독원, 2018.1.28, P2P투자 시 이런 업체를 주의하세요!

미입니다. P2P회사 한 곳에 투자금을 모두 몰아넣기보다는, 여러 곳에 분산해서 투자하는 것이 좋습니다.

P2P회사 한 곳만 이용하는 경우라면, 여러 투자 상품에 투자금을 쪼개서 투자할 것을 권합니다. 전문가들은 P2P회사, 투자 상품 수뿐만 아니라 투자 상품의 성격도 다양하게 분산하는 것이 좋다고 당부합니다. 가령 부동산 건축자금 대출 상품에만 몰아서 투자하기보다는 소상공인 대출, 개인신용대출, 부동산 담보대출 등 다양한 상품을 살펴보고 분산 투자해, 리스크를 낮추라는 의미입니다.

원칙 2. 너무 높은 수익률에 현혹되지 말라

일부 P2P회사들은 연 20%를 웃도는 이자율에다 각종 상품권, 추가 금리까지 주겠다면서 투자자들을 유혹합니다. 저금리시대에 연 10%도 높다고 생각하고 있었는데, 20%에 달하는 금리에 여기에 보너스도 준다니. 이성적인 투자자도 잠시 혹할 수 있는 이야기입니다.

하지만 대부분의 경우 높은 수익률에는 더 높은 위험도가 따른다는 것을 마음에 새겨야 합니다. 많은 수익을 주면서 안전하기까지 한 착한 투자처는 없습니다. 금리는 리스크를 반영합니다. 일례로 은행의 예적금 금리는 1~3% 사이로 낮은 수준이지만 원금을 확실하게 보장하므로 위험도가 아주 낮습니다.

P2P투자는 '내 돈을 다른 사람에게 빌려주고 그 이자를 받는 것'이라는 기본 개념을 항상 생각해야 합니다. P2P투자로 내가 버는 수익은 다른 사람_{대출자}이 돈을 빌린 대가로 내는 이자라는 점을 명심해야 합니다. 그

높은 금리를 부담하면서까지 돈을 빌리려는 사람은 급전이 필요하거나, 기존 금융권에서 자금 조달이 아주 어렵다는 의미입니다. 그런 사람이 원금은 제대로 갚을 수 있을까요.

일부 P2P회사는 간혹 돈을 제대로 갚을 가능성이 낮은, 즉 부실 위험이 높은 차입자에게 무턱대고 빌려주는 경우도 있습니다. P2P회사 입장에서는 대출을 중개하고 그 대가로 수수료만 챙겨도 되기 때문입니다. 높은 이자율과 경품 등을 지급한다는 화려한 마케팅 이면에 있는 상품의 리스크를 파악하려는 노력이 우선해야 합니다. 언제나 투자의 책임은 나 자신이 지고 가는 것이기 때문입니다.

원칙 3. 원금 보장 상품이 아니다

P2P투자는 은행의 예금·적금과는 달리 투자 원금을 보장하지 않습니다. P2P투자는 주식·채권·펀드 등의 여타 금융투자 상품처럼 원금 손실 위험이 있습니다. 원금 손실이 발생하는 원인은 투자 상품의 부실, P2P회사의 부도, 고의적인 사기 행위 등 다양합니다. 처음 P2P투자를 하는 분이라면 원금 손실 위험에 대해 반드시 마음의 준비를 해야 합니다.

또한 P2P투자금은 대부분 중도에 현금화하거나 회수하기가 어렵습니다. 투게더펀딩과 같은 일부 업체는 만기 전에도 투자자들끼리 일종의 중고 P2P대출 채권을 매매할 수 있는 거래 장터를 마련해놓기도 했지만, 아직까지 모든 회사들이 이 서비스를 제공하는 건 아닙니다. 지정된 만기까지 기다려야만 투자금을 회수할 수 있으므로, 투자자 스스로 재무 상태를 잘 따져보고 투자 기간 등을 고려해 여윳돈만 투자하시기를 바랍니다.

P2P투자란 무엇인가

원칙 4. 긴급 자금은 투자하지 말라

차입자가 약정한 기간 내에 원리금을 상환해야 투자자는 자신의 투자금을 약정한 상환일에 돌려받을 수 있습니다. 하지만 이 차입자가 정해진 날짜에 제때 돈을 갚지 못하면 투자자는 돈을 받을 수 없습니다. P2P투자는 생각보다 연체가 매우 잦습니다. 이것은 단점으로만 작용하는 것은 아닙니다. 투자자는 약속한 시점에 돈을 돌려받지 못하면 연체 기간엔 기존 약정금리가 아닌 연 20% 이상의 연체이자를 지급받기 때문입니다. 오히려 연체 이자를 추가로 지급받아 기대 수익률보다 더 높은 실질 수익률을 내기도 합니다.

하지만 연체에 따른 높은 이자를 받는 것과 별개로, 제때 돌려받지 못하면 안 되는 자금으로는 P2P투자를 하면 안 됩니다. 결혼이 임박했는데 '4개월 후에 상환받으니 괜찮겠지' 하고 결혼 자금을 끌어다가 P2P투자를 하거나, 몇 개월 후 입주할 집 전세 자금을 몽땅 P2P대출에 투자하는 등, 잃어서는 안 되는 돈으로 투자를 하는 것은 말리고 싶습니다. 초보 투자자라면 1만원, 10만원으로 조금씩 투자금을 늘려가는 식으로 한 뒤, P2P대출에 대한 이해도가 높아졌을 때 투자 금액을 늘려가기를 추천합니다.

원칙 5. 까다롭게 검증하라

P2P투자로 1억원을 굴리고 있는 한 투자자는 자신만의 투자 원칙을 한 문장으로 설명하면 '게이밍 노트북' 전략이라고 말합니다. 노트북 쇼핑할 때를 생각해보면, 100만원이 좀 넘는 노트북 하나를 사려고 해도 아주 까다롭게 성능과 가격을 비교하기 때문입니다. 그래픽 카드는 어떤지,

CPU는 어떤 것을 쓰는지, 가성비는 어떤지 차근차근 살필 겁니다. 실제 구매자들의 사용 후기도 찾아보고 이런저런 과정을 거쳐 최종 구매를 결정할 것입니다.

P2P투자를 결정할 때도 까다로운 자세로 임해야 합니다. 1단계로는 P2P회사 자체를 먼저 검증해야 합니다. 이 P2P회사의 평판은 어떤지, 연체가 발생했을 때 관리는 제대로 해주는지, 질문을 남기면 투자자의 의문점을 해소하기 위해 성실하게 답변해주는지 등을 기사나 투자자 카페 등을 통해 살펴봐야 합니다. 어떤 P2P회사는 말투는 친절하나 답변에 내실이 없는 경우도 있는데, 이런 회사를 이용하면 투자자가 손해를 볼 확률이 높습니다.

투자 상품에 있어서도 담보물은 무엇인지, 담보 가치는 어떤 기준으로 매겼는지, 대출 목적이 무엇인지, 대출자의 신용 등급은 몇 등급인지, 이 대출금의 상환 재원은 어떻게 마련하는지 등을 집요하게 확인해야 합니다. 의문점이 생기면 해당 P2P회사 고객센터를 이용해 설명을 요구하는 것이 좋습니다. 이러한 검증 과정을 거쳤는데도 왠지 찝찝하다면 웬만하면 투자를 하지 말아야 합니다.

모든 P2P회사들은 장점은 크게 홍보하고, 단점은 최대한 적게 알리거나 감추려는 속성이 있습니다. 투자를 시작하는 우리들은 이런 거품을 걷어내고 그 안에 있는 본질을 보려고 노력해야 합니다. 투자의 고수들은 어느 상품에 투자하기 전, 평균 2~3시간 이상은 P2P회사가 홈페이지에 제시한 투자 설명을 검증한다고 합니다.

그 무엇보다 중요한
P2P회사 선택

"나쁜 상대와 좋은 거래를 할 수는 없다.
거래 상대를 신중하게 선택하라."
– 워런 버핏

민석은 하림에게 3개월 후 5만원을 이자로 붙여 돌려주겠다는 약속
을 하고 100만원을 빌렸습니다. 아르바이트로 바쁜 하림을 대신해,
혜원은 하림에게 100만원을 받아 민석에게 전해줬습니다. 그리고 민
석이 담보로 맡긴 시계도 혜원이 보관하기로 했습니다. 부지런히 뛰
어다닌 혜원 덕에 셋의 돈 거래가 성사됐습니다.

돈을 갚기로 한 3개월이 지나 민석은 105만원을 혜원에게 입금하고
시계를 돌려받았습니다. 이제 혜원이 민석에게 받은 104만 5000원을
하림에게 돌려주면 돈 거래가 끝납니다.

그런데 혜원이 수상합니다. 하림이 "돈은 언제 줄 거냐"고 물어보면, 혜원은 "오늘은 좀 아프다" "마침 급한 일이 생겼다"며 차일피일 약속을 미룹니다. 그러더니 혜원은 결국 하림의 전화도 받지 않고 메시지에도 답이 없습니다.

하림은 그제야 후회하기 시작합니다. 혜원이 미인인데다 성격도 좋아 보였는데 이렇게 배신을 할 줄이야. 돈도 돌려받지 못하고 친구도 잃게 된 하림은 진작 혜원에 대해 좀 더 알아봐야 했다면서 자책합니다.

혜원에게 배신당한 하림은 이자는커녕 원금도 돌려받지 못하게 됐습니다. 혜원을 P2P회사로, 하림을 투자자로 놓고 보면 이 이야기에서 중요한 점을 알 수 있습니다. P2P회사^{혜원}를 제대로 알아보지 않고 투자를 한다면 투자자^{하림}는 자신의 투자금을 잃게 될 수 있습니다.

이처럼 P2P투자에서는 믿을 만한 P2P회사를 선별하는 과정이 그 무엇보다도 중요합니다. 단언컨대 성공적인 P2P투자를 위해 1순위로 고려해야 할 점은 P2P회사의 '정직'입니다. P2P회사를 선택하는 일은 주식 계좌를 개설할 증권사를 고르거나, 예금을 할 은행을 고르는 것과는 차원이 다른 문제입니다. 이런저런 투자 상품을 둘러보는 것 이전에 가장 먼저 따져봐야 할 문제입니다. 괜찮은 조건의 투자 상품이더라도, 상품 설명 자체가 가짜, 허위 사실이거나 눈속임이 있다면 분석은 아무 의미 없는 일이 되어 버리니까요.

P2P투자란 무엇인가

지난 2017년 1월, P2P회사인 것처럼 꾸며 투자금을 모집한 유사수신 업체 골든피플의 대표가 구속됐습니다. 알고 보니 이 회사는 대출을 실행한 적도 없으면서 누군가에게 대출을 해줬던 양 투자자들을 속였습니다. 피해자 40명의 피해금액은 약 5억원. 허위정보로 투자금을 끌어온 것입니다.

이처럼 눈속임을 하려는 일부 사기꾼들이 P2P대출의 탈을 쓰는 경우가 있기 때문에, 이들을 주의해야 안전한 투자를 할 수 있습니다. 혜원을 대충 믿고 돈을 날린 하림처럼 되고 싶은 사람은 아무도 없을 것입니다. 투자금을 맡기기 전 꼼꼼한 검증은 필수입니다.

검증 1단계
– 사기꾼이냐, 아니냐

"투자란 몇 군데 훌륭한 회사를 찾아내어
그저 엉덩이를 붙이고 눌러앉아 있는 것이다."
– 찰리 멍거

금융위원회금융감독원에 등록된
P2P연계대부업체 확인

고의로 투자자를 기만하는 P2P회사들을 걸러내는 법을 알아보겠습니다. 시장에서는 수많은 P2P업체들이 '우리가 최고'라고 투자자를 유혹하는 광고를 쏟아냅니다. 정보의 홍수에서 투자자는 휩쓸리지 않고 자신의 중심을 잡아야 합니다. 누구나 자신이 전문가라고 주장하는 시장에서 '진짜 전문가'들을 알아보고 내 돈을 맡길 수 있는 방법은 없을까요.

이번 장에서는 이러한 의문을 해결하고 믿을 수 있는, 신뢰할 수 있는 P2P회사를 고르는 원칙을 알아보겠습니다. 금융당국과 산업을 선도하는 P2P회사 대표들의 의견을 종합해 정리했습니다.

P2P대출 산업은 아직 관련법이 없어 P2P회사가 자회사로 대부업체를

P2P투자란 무엇인가

두고 이 대부업체를 금융위원회에 등록해 영업합니다. 금융당국은 P2P회사인 대부업체를 기존 대부업자와 구분하기 위해 'P2P연계대부업자'로 분류합니다. 금융위원회와 금융감독원은 P2P연계대부업자를 통해 P2P회사를 간접 규제를 하고 있습니다. 대부업법 시행령에 따라 2018년 8월 말 이후 P2P연계대부업체는 반드시 금융위원회에 등록하고 운영해야 합니다. 등록하지 않은 P2P회사는 불법 회사입니다.

P2P연계대부업자의 대부업 등록여부 조회방법

P2P회사가 믿을 만한 곳인지 확인해보고 싶다면, 가장 먼저 해야 할 일은 P2P연계대부업자인지 확인하는 것입니다.

──────────────● 대부회사 정보 ●──────────────

(주)어니스트펀드
서울특별시 영등포구 여의대로 24
전국경제인연합회관 21층
T 02-565-8856 | F 02-6919-2452
E-mail contact@honestfund.kr

사업자 정보
(주)어니스트펀드
대표 서상훈
사업자번호 184-81-00063
통신판매업신고 2016-서울영등포-1186
(주)어니스트펀드는 투자원금과 수익을 보장하지 않으며,
투자 손실에 대한 책임은 모두 투자자에게 있습니다.

(주)어니스트대부 대부업 대부중개업
대표 서상훈 | 2017-금감원-1181(P2P연계대부업)
서울특별시 영등포구 여의대로 24
전국경제인연합회관 21층 (주)어니스트대부
Tel. 02-565-8856 Fax. 02-6919-1973 | E-mail. loan@honestfund.kr

1) 홈페이지 맨 밑까지 내려보기

편의상 업계 선두 P2P회사 가운데 한 곳인 어니스트펀드 홈페이지로 확인해보겠습니다. 홈페이지 맨 아래를 보면 P2P회사의 주소, 위치, 연락처, 사업자번호 등의 정보가 있습니다. 위에 파란 글씨로 쓰인 '어니스트펀드'는 통신판매업자로 등록한 P2P회사 본체입니다. 그 밑에는 '어니스트대부'에 대한 정보가 표시돼 있습니다. 이 회사는 어니스트펀드의 자회사인 P2P연계대부업체입니다.

2) 금융소비자정보포털 '파인'에서 검증하기

이제 이 대부업체가 금융위원회에 등록하고 영업하는 P2P연계대부업체인지 검증해보겠습니다. 금융위 등록 여부는 금감원이 운영하는 금융소비자정보포털 '파인http://fine.fss.or.kr'에서 확인할 수 있습니다. 파인에 접속한 뒤 '등록 대부업체 통합관리' 메뉴에서 'P2P연계 대부업체'를 클릭하면 됩니다.

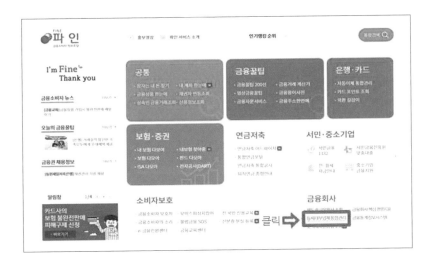

통합조회창에 접속 후, 등록기관은 '금융감독원'을 선택하고, 사업내용
에는 'P2P연계대부업'란에 체크한 후 검색을 누르면 됩니다.[6]

● 등록 기관은 금융감독원, 사업 내용은 P2P연계대부업 선택 ●

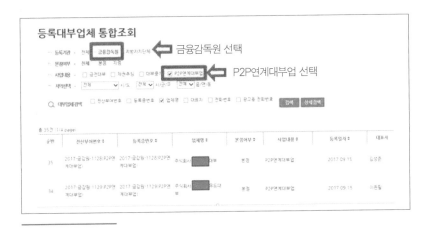

---

6) 금융감독원, 20180117. 18.3.2일부터 P2P연계대부업자의 금융위(원) 등록이 의무화됩
니다.

이 페이지에서 '어니스트'로 검색을 했습니다. 금융위 등록 대부업체인 것이 확인됐습니다.

──────── ◆ 어니스트 펀드 확인 끝! ◆ ────────

등록대부업체 통합조회

- 등록기관 : 전체 · 금융감독원 · 지방자치단체
- 본점여부 : 전체 · 본점 · 지점
- 사업내용 : □ 금전대부 □ 채권추심 □ 대부중개 ☑ P2P연계대부업
- 지역선택 : 전체 ▼ 시/도 전체 ▼ 시/군/구 전체 ▼ 읍/면/동
- 대부업체 검색 □전산부여번호 □등록증번호 ☑업체명 □대표자 □전화번호 □광고용 전화번호   [검색] [상세검색]
  어니스트

총 1건 (1/1 page)

순번	전산부여번호 ⇕	등록증번호 ⇕	업체명 ⇕	본점여부 ⇕	사업내용 ⇕	등록일자 ⇕	대표자	소재지(
1	2017-금감원-1181(P 2P연계대부업)	2017-금감원-1181(P 2P연계대부업)	주식회사 어니스트 대부	본점	P2P연계대부업	2017.10.25	서상훈	

P2P대출 가이드라인을 지키는가

아직 P2P대출을 규정하는 법이 없습니다. 그래서 금융위원회에서는 투자자 보호 방안을 마련하기 위해 'P2P대출 가이드라인'을 2016년에 발표해 2017년부터 시행했고, 2018년 2월 말 개정했습니다. 가이드라인은 법이 아니지만 금융 당국의 행정지도로서 P2P회사가 지켜야 할 규정입니다.

금융 당국은 대부업법에 근거해 2018년 3월부터 P2P연계대부업체를 규제하는 방법으로 가이드라인을 지키지 않는 P2P회사를 간접 규제합니다. 금융감독원은 "가이드라인은 건전한 시장발전과 투자자 보호를 위해 P2P대출 중개업체와 연계대부업자가 준수해야 할 최소한의 기준"이라면

서 "가이드라인을 준수하지 않는 업체는 투자자 보호 필요성에 대한 인식과 시장 규율을 준수하려는 의지가 미흡한 업체"라고 당부했습니다.[7]

가이드라인을 준수하는 P2P회사는 다음과 같은 특성이 있습니다. 가이드라인의 내용을 숙지하시고, 이 중 하나라도 지키지 않는 P2P회사는 이용하지 말아야 합니다. 규제를 지키지 않는 회사는 부실 또는 사기 가능성이 높습니다.

P2P대출 가이드라인을 지키는 회사의 특징

– 개인투자자 1명당 연간 투자 2000만원, 부동산은 1000만원으로 한도를 두고 있다.

– 은행, 신탁업자 등 공신력 있는 제3의 기관에 투자자에게 받은 자금을 예치한다.

– '원금 보장' '확정 수익' 등의 문구를 쓰거나, 외제차, 오피스텔 등의 상품으로 투자를 유도하기 위해 과도한 리워드(보상)를 내세우는 행위를 하지 않는다.

– 투자에 따르는 위험, 대출목적, 신용도, 재무 현황, 상환계획, 담보 가치, 추심절차, 예상 수익률을 공시한다.

– P2P회사의 건전성을 확인할 수 있도록 외부감사법인의 외감보고서를 통해 재무현황을 공시하고, 대주주 현황에 대한 정보를 공개한다.

– 플랫폼 수수료, 세율 등 수익률 산정 시 발생하는 부대 비용을 공개한다.

---

7) 금융감독원, 20180108. P2P투자시 이런 업체를 주의하세요

‒ 조기 상환 가능성 등 계약에 있어 중요한 내용을 투자자에게 알린다.

‒ P2P회사 또는 계열 금융회사가 자사의 투자 상품에 투자자 혹은 대출자로 참여하지 않는다. (예: P2P회사가 자사가 짓는 건물 건축 자금 대출을 위해 투자자를 모집)

‒ 오프라인을 통해 투자를 권하지 않는다.

‒ 부동산 건축자금(PF) 대출 상품은 건설 사업의 복잡성을 감안해 ❶ 차주의 자기자본투입 여부·비율 ❷ 월별 대출금 사용내역 ❸ 월별 공사진행 상황 등 관련 리스크 요인을 안내할 수 있다.

‒ 대출자가 이 P2P회사에서 여러 건의 대출을 받았다면, 그 사실과 이 차입자의 모든 대출 현황을 공시한다.

‒ 부동산대출 상품을 투자 개시 48시간 전부터 공시해 투자자들이 심사숙고할 시간을 준다.

막간상식
P2P투자한도

P2P대출 가이드라인은 일반 개인투자자의 연간 투자 한도를 한 P2P 회사당 2000만원으로 두고 있습니다. 부동산 PF 대출, 부동산 담보 대출 상품에는 연간 투자한도가 1000만원으로 적용됩니다. 소득요 건을 충족하는 개인투자자나 전문투자자, 법인투자자는 더 많은 금 액을 투자할 수 있습니다.

구분	자격요건	연 투자 한도	증빙서류
일반 개인 투자자	–	2000만원(부동산 PF대출, 부동산 담보대출상품은 1000만원, 동일 차입자에 대해서는 500만원)	–
소득요건을 구비한 개인 투자자	두 요건 중 하나 충족 1. 이자·배당 소득 2000만원 초과 2. 사업·근로 소득 1억원 초과	4000만원(동일 차입자에 대해서는 2000만원)	종합소득세 신고서, 종합소득 과세표준 확정 신고서, 근로소득 원천징수 영수증
개인 전문 투자자	세 가지 모두 충족 1. 금융투자업자에 계좌 개설 1년 경과 2. 금융투자 상품 잔고 5억원 이상 3. 직전 연도의 연 소득 1억원 또는 재산가액 10억원 이상	제한 없음	금융투자협회 전문투자자 확인증
법인 투자자	–	제한 없음	1. 사업자등록증 사본 또는 법인등록증 2. 법인통장 사본 3. 법인 등기부등본 사본 4. 대표자 신분증 사본

투자자 카페에서 회사 평판 조회하자

인터넷 카페 등에서 P2P회사의 연체발생사실, 평판 등을 확인해야 합니다. 포털사이트 네이버나 다음에서 개설된 '피자모', '크사모', '펀사모', 'P2P연구소' 등 여러 투자자 모임이 있습니다. 투자자끼리 상품에 대해 분석하고 회사 평판을 공유합니다. P2P회사 관계자들도 이곳에서 상품을 홍보하기도 하고 투자자와 교류합니다. 부실이나 연체가 잦다거나, 투자자에 대한 고객 응대가 소홀하다거나 하는 부정적인 내용들 위주로 살펴보면서 투자하지 않아야 할 업체들을 걸러내야 합니다.

맛집을 찾을 때 홍보용 블로그를 걸러내는 심정으로 살펴보시는 것이 좋습니다. 블로그에서 정말 맛있다고 한 집이라서 찾아갔는데, 실제로 찾아가서 음식을 먹어보니 기대 이하였던 경험이 있으실 겁니다. 해당 블로그 주인에게 식당에서 무료로 음식을 제공했거나, 광고비를 지급하고 리뷰를 작성해달라고 한 경우입니다.

P2P투자도 마찬가지입니다. 유독 특정 업체에 대한 긍정적인 내용이 많거나, 지나치게 작위적인 말투로 투자자로 가장해서 회사를 칭찬하는 내용은 과감히 거르기를 추천합니다. 업계 관계자들은 "이 같은 과도한 칭찬 등은 내실이 부실한 회사가 평판을 끌어올리기 위해 돈을 주고 집행한 마케팅 행위일 가능성이 매우 높다"고 말합니다.

과도한 투자 이벤트에 현혹되지 말라

각종 이벤트로 투자자를 현혹하는 P2P회사일수록 불완전판매의 소지,

재무상황 악화, 대출 부실화 가능성 등이 높습니다.[8] 연 20%에 육박하는 고금리와 과도한 '리워드' 등은 투자자를 현혹하는 대표적인 사례입니다. 리워드란 금리 이외에 추가로 얹어주는 추가금리·상품권·숙박권 등의 보상입니다. 투자 금액의 일부를 백화점 상품권으로 즉시 돌려주거나 원래 약정한 금리보다 1~3% 더 높은 이자율을 적용해 주는 방식이 일반적입니다.

리워드 이벤트는 2017년에 과열 양상을 보였습니다. 당시 일부 P2P회사들이 내세웠던 리워드와 투자 시 지급하는 이자율을 더하면 약 연 30% 수준에 육박했습니다. 필자는 2017년에 과도한 리워드를 줬던 P2P회사들을 정리해 기사를 쓴 적이 있습니다.[9] 1년 후인 2018년 하반기에 현황 점검을 해보니 그 기사에 언급했던 P2P회사의 절반 이상이 자금 돌려막기를 했거나, 자금을 상환해주지 않고 잠적하거나, 대표이사가 사기 혐의로 구속기소되는 등 투자자들이 피해를 입었습니다.

과도한 리워드를 내세워 2년 만에 1100억원대의 투자금을 모집한 중개 회사 '아나리츠'는 대표적인 나쁜 사례입니다. 아나리츠는 2016년 9월쯤 등장해 무서운 기세로 몸집을 불려, 한때는 투자자들로부터 '신神 같은 존재, 아나리츠'라는 의미로 '갓God나리츠'라는 별명으로 불렸습니다. 그도 그럴 것이 아나리츠는 대부분 상품에 투자 금액의 2%를 백화점 상품권으로 주겠다는 리워드를 내걸었고, 원리금도 약정한 날짜에 꼬박꼬박 지급했기 때문입니다. 아나리츠의 인기에 업계 관계자들조차 긴장하

---

8) 금융감독원, 2018.05.28, P2P 연계대부업자 실태조사 결과 및 투자자 유의사항
9) 조선비즈, 2017.08.23, "상품권, 현금 줍니다"… P2P업체, '리워드' 과열 경쟁

고 있었습니다. 아나리츠는 10억~20억원에 달하는 대출 모집액을 10분도 채 되지 않아 '완판'하기도 했습니다.

아나리츠 신화는 먼저 투자했던 사람에게 나중에 모집한 자금으로 수익을 지급하는 '돌려막기'로 드러나며 무너졌습니다. 2018년 7월 3일, 수원지방검찰청은 아나리츠 대표와 재무이사, 운영자를 사기·횡령 혐의로 구속기소했습니다. 이들은 부동산 건축 자금으로 쓰겠다며 투자자 1만여명으로부터 1138억원을 모집했습니다. 하지만 138개의 대출 상품 중 10건만 약정대로 차주에게 돈을 전달했고, 나머지 966억원 규모의 모집 자금은 제멋대로 유용했다는 혐의를 받았습니다.

투자 금액의 1~3% 수준으로 리워드를 주던 '헤라펀딩'은 투자자들의 투자금 130억원을 미상환한 채로 2018년 5월 24일 부도를 냈습니다. 필자는 이 회사를 담보 관리를 못미덥게 하는 회사로 기억합니다. 이 회사가 부도를 내기 약 10개월 전인 2017년 7월, P2P대출업계에서는 이 회사의 대표가 개인 명의로 부동산 담보 물건에 가등기권이나 근저당권을 설정하고 있다는 고발의 목소리가 나왔습니다. 통상적으로는 P2P회사 법인의 명의로 각종 권리를 설정하는데, 대표 개인 명의로 설정하는 것은 일반적인 사례는 아니었습니다.

당시 한 P2P회사의 관계자는 "근저당권이 법인이 아니라 대표 앞으로 설정돼 있으면 담보가 대표의 개인 재산처럼 인식된다"면서 "한 사람의 신상 변화에 의해 담보가 좌지우지될 수 있다"고 말했습니다. 가령 대표가 사망해 근저당권이 가족에게 상속이 되면 투자자들은 자금을 돌려받을 권리가 사라진다는 것입니다. 만약 대표가 카드 값을 안 갚아 빚이 생기면, 카드사가 이 근저당권을 가압류해버릴 수도 있었던 상황이었습니다.[10] 이후 헤라펀딩에서는 연체가 잇달아 터지기 시작하더니 결국엔 문을 닫았습니다.

금융 당국은 "유사 수신이나 금융 다단계로 볼 수 있는 이벤트는 금지"라는 내용의 권고문을 P2P협회에 보냈습니다. 협회는 2017년 5월, 협회 내규에 이 같은 내용을 '이자율이 연 20%를 넘지 않아야 한다'는 내용과 함께 포함시켰습니다. 당국의 이 같은 경고에도 이벤트를 앞세워 투자자를 현혹하는 회사들은 주의할 필요가 있습니다.

영세하거나 인력 부족한 곳은 피하라

금융감독원이 P2P대출 실태조사[11]에서 일부 P2P회사의 문제점으로 지목한 것은 영세한 인력구성과 이로 인한 사업의 취약함이었습니다. 당시 조사 결과에 따르면 P2P회사의 평균 인원은 약 10.5명, 심사 인력은 3.7명이었습니다.

한국핀테크산업협회 김대윤 협회장은 주로 잘못된 상품 설명으로 인한 불완전판매나, 치솟는 연체율 등으로 투자자들의 자금을 돌려주지 않은 P2P회사는 적은 인원으로 수백억원 규모의 자금을 굴리고 있었다고 지적하며 이렇게 말했습니다.

"중개 회사가 차주에게 원리금을 받아서 투자자에게 전달해주는 업무

---

10) 조선비즈, 2017.07.06, P2P대출업체, 대표 개인 명의로 부동산담보 등기… 뒷말 무성
11) 금융감독원, 2018.05.28, P2P 연계대부업자 실태조사 결과 및 투자자 유의사항

를 하는 데는 많은 인력이 필요하다. 직원이 적다는 것은 관리가 소홀하거나 애당초 대출을 제대로 중개하지 않고 있다는 의미이다."

국내 P2P대출 시장은 해외와 달리 부동산 프로젝트파이낸싱PF에 쏠려 있습니다. 금융감독원에 따르면 국내 P2P대출 시장에서 누적대출액 기준 38.4%가 부동산 PF대출 상품이었습니다. 부동산 PF는 건축 현장 관리나 공사대금 집행 등을 담당하는 전문성 있는 인력이 필요한 영역입니다.

인원이 채 5명도 되지 않는 영세한 신생 회사가 수십억 규모의 PF대출 상품을 모집한다면, 의심해볼 필요가 있습니다. 부동산 금융의 전문가가 회사에서 일관성 있게 대출 신청을 심사하고, 계약 시 투자자 보호 장치를 마련할 수 있어야 합니다. 대출 실행 후 상환까지, 사후관리가 중요한 부동한 PF는 소수의 인원만으로는 업무가 불가능합니다. 대출자의 불확실성을 각종 담보와 권리 설정 등으로 통제할 수 있는 능력을 갖춘 P2P회사를 이용해야 부실을 줄일 수 있습니다.

기업의 인력 현황, 어떻게 확인할까?

개인 투자자가 중개 회사의 고용 현황을 쉽게 확인할 수 있는 곳은 고용정보 사이트 '크레딧잡'입니다. P2P회사 홈페이지 맨 아래에는 법인명이 있습니다. 법인명을 크레딧잡에서 검색하면 국민연금에서 제공하는 고용현황 정보를 볼 수 있습니다.

일부 회사들은 연봉 공개 등의 문제로 이를 비공개로 해놓았습니다. 이럴 때는 해당 회사에 직접 전화를 걸거나 이메일을 보내 문의를 해도 됩니다. 소중한 내 돈을 생판 모르는 남에게 맡기는데, 이 정도 수고는 해야 합니다. 대표와 임원진들의 입사 전 경력과 이들의 전문 분야, 그리고 담당하는 업무를 물어보세요. 대출 심사 인력은 몇 명이 포진하고 있는지, 이들의 경력은 어떻게 되는지도 문의하면 좋습니다. 또는 외부감사를 받는 P2P회사의 경우 법인 이름을 금융감독원 전자공시 사이트에서 찾아 감사보고서를 확인해보세요.

2019년 2월 크레딧잡을 통해 상위권 P2P회사들의 인력 현황을 확인하면, 누적대출액 3000억원대인 업계 1위 테라펀딩 법인명 테라핀테크에선 임직원 69명이 근무하고 있습니다. 어니스트펀드는 67명, 투게더펀딩 법인명 투게더앱스은 39명, 렌딧은 72명입니다. 비공개로 처리한 피플펀드의 경우 2018년 6월 기준으로 정규직 총 67명의 임직원이 근무하고, 이 중 상품의 심사를 담당하는 사업부서 인력은 19명입니다.

허위 대출 건으로 투자자를 모집해 대표가 사기 혐의로 구속기소된 아나리츠는 누적 대출액이 1000억원을 넘었는데, 직원이 9명에 불과했습니다. 지난 2018년 5월 700억원 규모의 투자금을 들고 대표가 잠적한 '2시펀딩 투피엠핀테크'은 직원이 고작 3명이었습니다. 지난 5월 파산한 부동산 PF 위주의 P2P회사 헤라펀딩은 누적 대출액이 229억원이지만, 직원은 10명에 불과했습니다.

투자를 고려하는 P2P회사 대표이사의 언론보도 인터뷰도 일독하시길 권합니다. 인터뷰에서는 대표가 장기적인 철학을 가지고 사업을 이끌어 나가는지 엿볼 수 있기도 합니다. 각 회사의 대표이사는 기사를 통해 자신의 비전과 사업 계획을 대중에게 알리고 있습니다. P2P회사들이 아직 창업 초기 기업이기에, 대표의 의지가 그 업체의 미래와 투자금 관리에 큰 영향을 미칩니다. 금감원 관계자는 앞서 "P2P회사 대주주가 주권 매매 거래정지 코스닥업체이거나, 부동산PF시행업, 신재생에너지사업 등 고위험사업을 영위하는 업체일 경우 위험하다"고 경고했습니다.

양태영 한국P2P금융협회 회장은 "회사의 대표가 P2P금융 시장에 대한 장기적인 안목을 가지고 있어야만 대출 상환이나 추심 등에 각별한 의지를 가지고 임한다"고 강조합니다.

사실 P2P회사들은 일단 투자금을 모으고 대출을 중개하기만 해도 돈을 법니다. 중개에 따른 수수료가 이들의 수익 원천이기 때문입니다. 막말로, 일단 대출을 해주고 나서 부실이 나도 나 몰라라 해도 처벌받지 않습니다. 장기적으로 이 사업을 계속하고 싶은 사업자만이 투자자들의 자금에 대해 책임감을 가지고 대출 심사를 할 것입니다.

★★★ **복습하기** ★★★

이런 P2P회사는 쳐다보지도 말자!

1. 금융위원회에 P2P연계대부업체를 등록하지 않은 회사
2. P2P대출 가이드라인을 지키지 않는 회사
3. 투자자 카페에서 평판이 안 좋은 회사
4. 과도한 투자 이벤트를 벌이는 회사
5. 인력이 적고 규모가 영세한 회사

검증 2단계
– 어떤 곳이 괜찮나

"시장은 확신을 요구하며,
확신이 없는 사람들은 반드시 희생된다."
– 피터 린치

앞서는 '이런 P2P회사는 절대 이용하면 안 된다'는 기준을 제시하는 내용이었는데, 이번에는 '이 정도면 고의로 투자자를 속일 가능성은 낮은 P2P회사'라는 기준을 제시하고자 합니다.

기존 금융회사의 거름망 통과했는가
– 지분 투자를 유치했나

벤처캐피털VC, 창업투자회사이나 은행, 보험사 등 기존 금융회사들은 많은 신생 기업들 가운데 옥석을 골라내는 역량이 있습니다. 이들의 업무 영역이 금융투자에 특화돼 있다 보니, 일반 개인들에 비해 더 꼼꼼하게 검증합니다. VC는 기업이 지금 당장은 규모가 작을지라도, 이들의 사업

행태를 살펴봤을 때 크게 성장할 것으로 판단하면 많게는 수십억, 수백억 원에 달하는 금액을 투자합니다.

막간상식
벤처캐피털

벤처캐피털창업투자회사, Venture Capital, VC 은 높은 기술력 등을 보유해 장래성이 보이는 벤처회사의 주식 취득 등을 통해 자금을 투자하는 업체나 자본 그 자체를 말합니다.

VC는 투자 대상인 P2P회사를 여러 차례 방문하기도 하고, 그 과정에서 내부 인력들의 전문성을 검증하고 대표이사의 평판 조회도 진행합니다. P2P회사 구성원의 횡령 가능성도 철저히 따진다고 합니다. 고객들의 투자금을 모집해 운영진이 멋대로 써버릴 가능성을 없애기 위해서입니다. 이와 더불어 대출 자금이 실제로 차입자의 계좌로 송금됐는지 등 계좌 거래 내역도 기간을 무작위로 골라 제출하게 한다고 합니다. 익명을 요구한 선두 P2P회사 대표는 "VC 투자를 한번 받으려면 정말 까다로운 절차를 거친다"면서 "정말 피곤한 순간이 많았다"고 털어놓기도 했습니다.

하지만 개인투자자들은 현실적으로 VC들이 하는 금융기관이 하는 수준으로 P2P회사를 검증하기 쉽지 않습니다. 우리는 전문가들이 분석해놓은 기업의 성장 가능성이자 평가 가치를 보여주는 지분 투자 유치 결과를 확인해 참고하면 됩니다. P2P투자를 하기 전 적어도 1단계 거름망 정도의 역할로 VC 투자 유치 여부를 확인하시길 권합니다. 투자 전 'P2P회사 이름+투자 유치'로 포털사이트에 검색해보는 방법을 추천합니다.

주요 P2P회사 지분투자 유치 현황 2019년 1월 현재

렌딧: 총 243억 5000만원

2015년- 시드투자: 15억원 알토스벤처스, 시리즈A: 58억 5000만원 알토스벤처스, 엔젤투자자

2017년- 시리즈B: 100억원 옐로우독, 알토스벤처스, 콜라보레이티브펀드

2018년- 시리즈C: 70억원 크레비스-라임 임팩트 벤처펀드, 옐로우독, 콜라보레이티브 펀드, 알토스벤처스

어니스트펀드: 총 214억원

2015년- 시드투자: 32억원 신한은행, 데일리금융그룹, 세틀뱅크, 신현성 티몬 의장

2016년- 시리즈A: 60억원 KB인베스트먼트, 한화인베스트먼트, 신한캐피탈

2018년- 시리즈B: 122억원 두나무앤파트너스, 뮤렉스파트너스, 한화투자증권, KB인베스트먼트, TL자산운용, 베이스인베스트먼트, HB인베스트먼트

테라펀딩: 총 112억 5000만원

2016년- 시드투자: 12억 5000만원 본엔젤스파트너스

2018년- 시리즈A: 100억원 우리은행, 에이티넘인베스트먼트, SBI인베스트먼트, 프리미어파트너스

투게더펀딩: 총 160억원

2017년- 시리즈A: 30억원 한국투자파트너스

2018년- 시리즈B: 130억원 한국투자파트너스, 스틱벤처스, 하나금융투자, 지앤텍벤처투자, 유안타인베스트먼트

펀다: 총 58억 3000만원

2015년- 시드투자: 8억원 포켓모바일, 더벤처스, 엔텔스

2016년- 시리즈A: 58억원 BC카드, 한국투자파트너스, 인터베스트, 세븐엔젤스홀딩스

2018년- 시리즈B: 20억원 현대기술투자, 유티씨인베스트먼트

피플펀드: 총 187억원

2015년- 시드투자: 15억원 창업 초기 복수의 투자자, 5억원 500스타트업스

2017년- 시리즈A: 44억원 500스타트업스, 핀테크 펀드, 우신벤처투자

2018년- 시리즈B: 123억원 데일리금융그룹, 카카오페이, 500스타트업스, 디쓰리쥬빌리파트너스, 모루자산운용, 유경자산운용

8퍼센트: 총 240억원

2015년- 시드투자: 24억 5000만원 은행권 청년창업재단 외 복수의 투자자

2016년- 약 100억원 KG이니시스, 45억원 캡스톤 파트너스, SBI인베스트먼트, DSC인베스트먼트

2017년- 7억원 와디즈 크라우드펀딩으로 공모, 4억원 비공개

2018년- 60억원 DSC인베스트먼트의 2개사

P2P투자란 무엇인가

P2P회사는 대부분 2014년쯤 창업한 창업 초기 기업, 즉 '스타트업' 입니다. 스타트업의 성숙도에 따른 투자 시기 구분법을 알아두면 해당 P2P회사의 사업 성숙도도 알 수 있습니다. 시기별, 단계별로 이를 분류하는 용어를 소개합니다

• **시드 투자:** 사업 시작 전 혹은 직후, 해당 기업이 하고자 하는 사업이나 서비스의 타당성을 검증하도록 돕는 지원금 성격의 투자금입니다. 규모는 시리즈A나 B에 비해 작습니다. 자금이 부족한 신생 벤처기업에 자본을 투자하는 개인의 투자인 '엔젤 투자'가 대개 이 단계에서 진행됩니다.

• **시리즈A 투자:** 시드머니 투자를 통해 어느 정도 검증된 프로토타입을 정식 제품이나 서비스로 만들어 나가면서 시장 점유율을 확대하는 과정에서 받는 투자입니다.

• **시리즈B 투자:** 시장 점유율 확대를 위한 용도의 마케팅, 서비스비용, 인력충원 등의 목적이 있는 투자입니다.

이후 다음 단계의 투자가 이뤄지면 알파벳 숫자가 한 개씩 다음 순서로 밀리면서 시리즈C, D…로 칭해 투자 시기를 정의합니다.

잠깐! 투자 유치한 회사더라도 최근 평판 꼭 조회하라

외부에서 투자를 받은 회사더라도 전혀 잡음이 없는 것은 아니니, 최근

소식을 확인해야 합니다. 대표적인 사례가 대형 P2P회사 가운데 한 곳인 루프펀딩입니다. 이 회사는 2016년에 한국투자파트너스와 케이벤처그룹 등으로부터 34억원의 투자를 유치했습니다. 루프펀딩은 꽤 유명한 VC들로부터 투자를 유치했고, 골드먼삭스 출신 대표가 경영에 참여하고 있다는 사실이 알려지면서 인기 있는 투자처로 주목을 받았습니다. 누적 대출액은 2000억원에 달했습니다.

그런데 2018년 초부터 한국P2P금융협회에 이 회사의 부적절한 영업행위에 대한 제보가 들어와 업계에서 입방아에 오르기 시작했습니다. 루프펀딩을 통해 건물을 세우기 위한 건축자금 용도로 대출이 나갔는데, 정작 대출 기간이 다 끝나가도록 그 부지에는 아무것도 지어지지 않았다는 내용이 협회로 접수된 것입니다. 협회 회원사들은 루프펀딩의 대표에게 이 제보에 대해 소명할 것을 요구했지만, 이 회사의 대표는 변호사를 대동하고 와서 "그럴 의무가 없다"고 잘라 말했다고 전해집니다.

루프펀딩이 모집한 투자금은 30% 이상이 'D건설'이라는 한 차입자에 집중돼 있었습니다. 이 건설사는 2016년 10월부터 2018년 6월까지 특정 건설현장에 사용하겠다며 루프펀딩을 통해 투자자 1만여 명으로부터 300억여원의 투자금을 70여 차례에 걸쳐 받아 챙겼습니다. 하지만 2018년 9월, 해당 건설사의 대표는 루프펀딩으로부터 받은 대출금을 약속한 건설현장이 아닌 다른 현장에 쓰거나 먼저 투자한 투자자들에게 원금과 이자로 주는 일명 '돌려막기' 등에 사용한 혐의로 구속기소 됐습니다.[12] 업계 관계자들은 이 사태의 원인을 "신탁사 없이 부동산 건축자금 대출을 집행

---

12) 연합뉴스, 2018.09.19, 루프펀딩 투자금 300억 멋대로 쓴 건설업자 구속기소

P2P투자란 무엇인가

하다 보니 자금 관리에 소홀해져 발생한 문제"라고 지적합니다.

화려한 수상경력과 언론보도를 강조하지 않는다

앞 장에서 P2P회사를 이끄는 대표이사의 언론 인터뷰 등을 참고하라고 말씀드렸는데, 이 말은 사실 절반은 맞고 절반은 틀렸습니다. 언론 보도를 가장해 업체에서 뿌린 광고 글들이 범람하고 있기 때문입니다. 오히려 화려한 수상경력이나 언론보도 등을 강조하는 회사들을 경계할 필요가 있습니다. 내세울 게 그것밖에 없다는 뜻으로 해석할 수 있습니다.

실제로 해당 P2P회사를 취재할 만한 가치가 있어 기자가 직접 작성한 기사들이 아닌, P2P회사에서 돈을 주고 실은 '기사의 형식을 취하는 광고'일 수 있다는 의미입니다. 기사를 자세하게 읽어보시면, 기사를 작성한 기자의 이름이 없고 '온라인 이슈팀' '업체 제공' 등으로 작성한 기자가 누구인지 적혀 있지 않습니다. 이렇게 돼 있으면 대부분 업체가 돈을 주고 실은 광고입니다.

이와 같은 맥락에서 회사 자체의 역량이 아닌 외부의 평판을 지나치게 내세우는 P2P회사들도 경계해야 합니다. 수상 이력은 그 회사가 건실한 업체라는 보장을 해주는 증명서 같은 게 절대 아닙니다. 일부에서는 상조차도 돈을 주고 삽니다.

홈페이지 첫 화면에 'P2P금융부문 고객 만족상 8관왕'이라고 당당히 적은 어느 P2P회사의 이야기로 예시를 들어보겠습니다. 이 회사는 2018년 11월 현재 부실률이 54%에 육박합니다. 부실률은 P2P회사가 예정 상환일보다 90일이 지났는데도 고객들에게 돌려주지 않은 투자금의 비중으로, 연체 관련 용어가 '연체율'로 통일되기 전에 통용되던 기준입니다. 이 부실률이 54%라는 것은 10명이 이 회사의 투자 상품에 투자를 했는데 5명은 투자 만기가 90일이나 지났지만 돈을 돌려받지 못했다는 뜻입니다.

이 회사는 부동산 건축자금 대출 상품을 모집했습니다. 건축 공정이 진행되는 단계에 따라서 대출금을 지급하는 것이 정상적인 건축자금 대출 상품의 특징인데, 이 회사의 상품들 중 일부는 투자 만기가 다 됐는데도 공사를 시작도 하지 않은 것이 발각됐습니다. 이 회사는 부실 대출 논란이 일어 한국P2P금융협회에서 제명 논의가 나오기 시작하자 협회 자진 탈퇴를 선언했습니다.

연체율, 낮을수록 좋다

P2P투자 상품의 예정 상환일보다 원리금이 늦게 상환되는 경우도 있습니다. P2P회사는 원리금 상환이 30일 이상 지연되면 '연체'로 분류합니다. 연체율이 낮다는 것은 P2P회사가 차입자의 리스크를 심사 단계에서 제대로 진단했다는 의미이기도 합니다. 연체율이나 누적 대출액, 대출 잔액 등의 정보는 각 P2P회사 홈페이지 첫 화면에서 확인할 수 있습니다. 한 P2P회사의 현황을 업계 평균이나 다른 회사와 비교해보려면 한국P2P 금융협회의 '공시자료'를 확인하면 됩니다.

협회는 협회 회원사들의 경영 정보 일부를 협회 홈페이지에 공시해놓습니다. 매달 협회 회원사들의 회사별 연체율, 공시 시점 기준 누적 대출액, 대출잔액 아직 투자 만기가 안 된 대출금의 규모 등이 올라옵니다. 협회 홈페이지 http://P2Plending.or.kr 에 접속해봅시다.

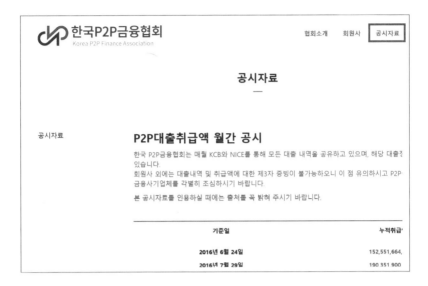

위 그림과 같은 화면에서 우측 상단 메뉴의 '공시자료' 버튼을 클릭해 접속합니다. 위와 같은 월별 협회 회원사 전체의 누적대출액 자료가 나오는데, 이 페이지 맨 밑에서 '업체별 공시 바로가기'를 클릭하세요.

● 업체별 공시 바로가기 ●

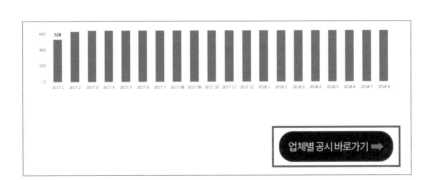

업체별 공시 바로가기를 누르면 '회원사별 대출현황 조사'라는 거대한 엑셀 화면이 등장할 것입니다. 표 왼쪽부터 '업체 이름', 현재까지 업체가 집행한 담보별 '누적 대출액_{투자액}', 아직 만기가 도래하지 않아 회수 전인 투자금인 대출 잔액, 연체율 등이 공시돼 있습니다. 이 엑셀 표를 맨 오른쪽으로 스크롤하다 보면 연체율 항목이 나옵니다. 관심이 가는 P2P회사의 연체율을 다른 회사나 회원사 평균치 등과 비교해봅시다.

막간상식
P2P회사가 고객이 투자한 상품을 연체, 부실로 판단하는 기준

연체율

예정된 상환일로부터 30일 이상 상환이 지연된 투자 상품이 아직 상환일이 도래하지 않은 대출 채권의 잔액에서 차지하는 비중. P2P회사는 상환이 늦어진 일수만큼 계산해 연체 이자를 지급하는데, 대개 적용 이자율은 연 20% 이상이다.

예제) 누적대출액 100억원, 대출 잔액 50억원, 현재 45일째 연체된 금액이 2억원인 P2P금융회사의 연체율은?

정답: 4%

2억_{30일 이상 연체된 금액}/50억_{대출 잔액}x100= 4%

P2P투자란 무엇인가

상품 설명, 꼼꼼하고 알기 쉽게 제시하는가

P2P회사들은 투자 상품을 모집하기 위해 홍보할 때 투자자가 투자 판단에 참고할 수 있는 정보들을 함께 올립니다. 개인신용대출 상품의 경우 갚아야 하는 대출금의 원리금이 개인의 연소득에서 차지하는 비중을 의미하는 '총부채상환비율DTI'과 상환 재원, 부실 시 회수 계획 등을 공개합니다. 부동산 관련 상품들의 경우 해당 부동산이 위치한 지역, 주택담보대출비율LTV, 담보 가치, 상환 재원, 대출 목적, 상품의 리스크, 차입자 도산 시 출구 전략, 등기부등본 등 각종 증빙 서류를 공개합니다.

만약 상품 설명을 보고도 의문점이 해소되지 않는다면 1:1 문의를 통해 반드시 짚고 넘어가세요. 대부분의 P2P회사들은 고객서비스CS 인력을 따로 채용해 고객 응대를 하고 있습니다. 홈페이지의 1:1 채팅형 문의를 이용하거나, 카카오톡에서 플러스친구로 등록하면 메시지를 주고받듯 질의응답을 할 수 있습니다. 혹은 홈페이지에 나와있는 전화번호로 전화를 걸어보세요. 일부 적극적인 투자자들은 회사에 직접 찾아가기도 합니다. 실제로 이 P2P회사가 존재하는지, 어떤 사람들이 일을 하고 있는지 두 눈으로 확인하기 위해서입니다. 지금까지 P2P대출의 사고 사례들을 돌아봤을 때 문의에 성심성의껏 응대하지 않는 회사는 대부분 연체와 도산으로 투자자의 속을 썩였습니다.

'갑'이었던 투자자가 투자 후에는 연체가 발생하면 조마조마하면서 원금을 떼이지 않을까 노심초사하는 '을'이 되는 실정이 안타깝습니다. 투자자는 투자를 결정하기 전까지 완전한 갑이라는 점을 명심해야 합니다. 조금이라도 미심쩍거나, 투자자가 만족할 만한 정보를 주지 않는다면 다른 P2P회사로 갈아타면 그만입니다. P2P협회 회원사만 해도 60곳이 넘고,

이들은 투자자의 선택을 간절히 기다리고 있습니다. 투자자를 만족시키지 못하는 회사는 시장에서 도태돼야 합니다. 우리나라 P2P대출의 발전을 위해서라도 고객에게 제대로 된 정보를 제공하지 않는 P2P회사는 과감히 투자처 후보 명단에서 탈락시키세요.

실제 P2P투자는
어떻게 하나

"당신은 로켓 과학자와 같은 지식이 필요하지 않다.
투자는 IQ 160이 130을 이기는 게임이 아니다."
– 워런 버핏

이번 장에서는 P2P투자를 어떻게 하는지 알아보겠습니다.

우선 P2P투자는 P2P회사의 홈페이지에 회원가입을 하는 것으로 시작합니다. 앞서 강조했다시피 첫 투자는 소액으로 하면서 'P2P투자가 이런 것이구나' 하고 체험하는 기회여야 합니다.

P2P투자는 P2P회사의 홈페이지 회원만 할 수 있으므로, 회원 가입부터 해야 합니다. 회원 가입 절차를 거친 후 예치금 가상계좌를 발급 받고, 가상 계좌에 투자금을 입금한 다음, 원하는 투자 상품에 투자를 결정하는 것이 P2P투자의 큰 흐름입니다.

❶ 한국P2P금융협회 또는 마켓플레이스금융협의회 회원사인지 확인하기

한국P2P금융협회 홈페이지에서 회원사 명단을 확인할 수 있습니다. 현재 한국P2P금융협회는 부동산 P2P회사들이 주요 회원사로 남아 있습니다. 협회 회원사 중 렌딧, 8퍼센트, 팝펀딩 등 신용대출을 주로 취급하는 P2P회사들은 2018년 9월부터 마켓플레이스금융협의회로 따로 분리됐습니다.

P2P회사들마다 홈페이지 구성 요소는 비슷비슷합니다. 한번만 해보시면 다른 P2P회사를 이용하는 데 문제가 없을 것입니다.

❷ 회원가입

P2P회사 홈페이지에서 '가입하기' 메뉴를 찾아 들어간 후, 이름, 로그인에 쓸 이메일 주소, 비밀번호를 입력하면 회원 가입이 완료됩니다.

──────────── ● 회원가입 ● ────────────

개인 회원가입   법인 회원가입 >

1/2

아이디
investor

비밀번호
••••••••

비밀번호 확인
••••••••

이메일
invest@gmail.com

가입하기

회원가입을 마쳤습니다. 회원가입 단계에서 업체들마다 추천인코드를 적는 칸을 마련해놓는데, 이를 입력하고 첫 투자를 하면 대개 현금처럼 쓸 수 있는 보너스 포인트를 줍니다. 지급받은 보너스 포인트로는 사이트 내에서 투자를 할 수 있습니다.

❸ 투자 정보 입력하고 예치금 관리 계좌 만들기

투자 정보를 입력해야 실제 투자를 할 수 있습니다. 반드시 본인 명의의 은행이나 증권사 계좌를 등록해야 합니다. 출금 계좌를 등록하면 투자로 발생하는 수익과 원금을 그 계좌로 돌려받을 수 있습니다. 이때 휴대폰번호와 주민등록번호도 입력합니다. 주민등록번호는 P2P투자로 발생하는 수익에 대한 세금 원천징수에 사용됩니다. 이 정보들은 처음 투자할 때 한번만 등록해놓으면 됩니다.

●━━━━━━━━━━━━━━━━━━ ● 투자 정보 입력 ● ━━━━━━━━━━━━━━━━━━●

❹ **가상계좌에 입금하기**

투자 정보를 입력하고 나면 투자자 개인 명의의 가상계좌, 즉 예치금 관리 계좌가 개설됩니다. 예치금 관리 계좌는 P2P투자를 위해 돈을 넣었다 뺐다 할 온라인상 개인 금고로 생각하시면 됩니다. 투자를 하려면 이 계좌에 투자금을 미리 이체해놓아야 합니다. 투자금이 예치금 관리 계좌에 입금되면, 1~5분 내에 홈페이지에서 입금 사실이 확인됩니다.

P2P투자란 무엇인가

예치금 계좌가 만들어졌습니다. 회원정보를 확인할 수 있는 페이지에서 언제든지 자신의 예치금 계좌 번호를 조회할 수 있습니다. 이 계좌에 투자하고 싶은 만큼 돈을 입금해놓으면 됩니다. 가상계좌에 예치금을 입금하고, 실제 투자를 하려면 '투자하기' 페이지에서 투자 신청을 해야 합니다.

❺ 투자 상품 골라보기

예치금 계좌를 채웠으니, 투자 상품을 골라보겠습니다. 메인 화면에서 '투자하기'를 누르면 현재 모집 중인 투자 상품들의 목록이 나옵니다. 상품을 골라보면, 해당 대출 건에 대한 자세한 설명이 나옵니다.

금융 당국의 P2P대출 가이드라인에 따라 1명의 차입자는 500만원까지만 투자할 수 있습니다. 투자하기 버튼 옆에 원하는 투자 금액을 입력하고 '투자하기'를 누르면 넘어갑니다.

    이후에는 '원금 보장이 되지 않는다' 등 투자 시 유의해야 할 사항이 나옵니다. 이 내용에 동의하면 '동의함'을 직접 타이핑해서 입력하고, 절차가 끝나면 투자가 완료됩니다. '동의함'을 입력하지 않으면 투자를 할 수 없습니다. 투자 판단은 스스로의 몫이고, 연체가 발생하더라도 투자 결과에 따른 책임은 투자자 본인에게 있다는 내용입니다. 그러므로 상품을 충분한 시간을 가지고 검토하시기를 바랍니다.

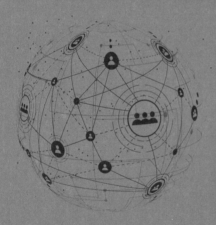

PART 3

부동산
P2P투자

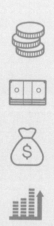

투자,
신중하고 조심스럽게

"상품의 가격과 가치는 절대 같지 않다."
- 워런 버핏

이제 P2P투자에 대해 감을 좀 잡으셨나요? 하지만 아직 투자를 실제로 하기에는 좀 이릅니다. P2P투자는 은행 예적금과 달리 원금 보장이 되지 않기 때문에 투자 결정을 내리기 전까지 심사숙고해야 합니다. 물론 공부가 당연히 필요하고요. 2장에서 살펴본 '기본'을 지키지 않는 P2P회사에는 소중한 투자금을 맡기지 마시기를 강력하게 권합니다. 2장의 내용을 지키지 않는다면 이제부터 다룰 3장의 내용은 무용지물입니다.

그리고 P2P회사 홈페이지에서 설명하는 투자 상품의 구조와 원리를 이해하기 전까지는 절대 '묻지마 투자'를 해서는 안 됩니다. 높은 이자율만 보고 달려들었다가 아까운 돈을 날리는 건 불꽃에 달려드는 불나방과 다를 바 없습니다.

금융감독원의 'P2P 피라미드'

금융감독원은 우리나라 금융회사들을 감독하는 기관인데, P2P회사들에 대한 직접적인 감독 권한은 없어도 연계대부업체에 대한 관리 감독 권한이 있습니다. 금감원은 2017년 9월에 투자자들이 안전하게 P2P투자를 할 수 있도록 참고할 'P2P대출 상품 투자 위험도'를 공개했습니다. 한때 업계에서는 이 피라미드 형태의 도식표를 '공포의 금감원 P2P피라미드'라고 부르기도 했습니다. 투자자와 P2P회사 사이에서는 꽤나 화제가 됐던 그림입니다.

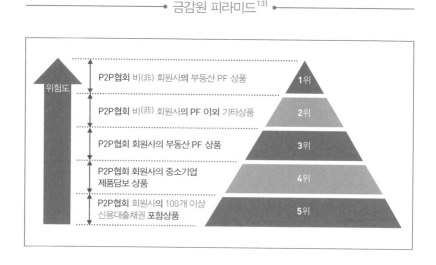

● 금감원 피라미드[13] ●

---

13) 금융감독원, 2017.9., '금융꿀팁 200선-(68) 재테크 수단으로 P2P대출상품 투자시 체크해야 할 핵심포인트'

이 피라미드에서 순위가 높을수록 투자에 따르는 원금 손실의 위험도
가 높다는 의미입니다. 금감원은 한국P2P금융협회 회원사가 아니면서,
부동산 건축자금 대출^{프로젝트파이낸싱, PF} 상품을 취급하는 회사의 상품이
가장 위험하다고 봤습니다. 금융감독원의 P2P피라미드 기준 투자 위험도
1위로 분류된 곳 중 대표적인 사례가 2018년 7월 사기와 횡령 혐의로 대
표이사, 재무이사, 운영자가 구속된 '아나리츠'입니다. 이 회사는 2016년
하반기에 등장해 주로 연 20%대의 고금리와 1~3개월 사이 단기 투자 상
품을 내놓아 투자자들에게 선풍적인 인기를 끌었습니다. 하지만 3년만에
투자자 1만여 명으로부터 건축자금으로 쓰겠다면서 모집한 자금 1138억
원 중 966억원 규모를 제멋대로 유용한 혐의가 발각됐습니다.

P2P협회·마켓플레이스금융협의회 비회원사가 더 위험하다

금감원이 규정한 가장 안전한 상품은 한국P2P금융협회^{이하 P2P협회}와
마켓플레이스금융협의회 회원사에서 취급하는 신용대출채권을 100개 이
상 포함한 상품, 즉 신용대출 포트폴리오 상품입니다. 이어 P2P협회와 마
켓플레이스금융협의회 회원사의 중소기업 제품 담보 상품, P2P협회 회원
사의 부동산 PF상품이 안전하다고 봤습니다.

금감원은 P2P협회 회원사가 아닌 곳이 취급하는 다양한 종류의 상품
들이 위험하다고 보고, 위험도 1, 2위를 'P2P협회와 마켓플레이스금융협
의회 비회원사'로 규정했습니다. 비회원사들이 P2P대출을 빙자해 폰지
사기를 벌이는 등 고의적인 투자자 기만을 빈번하게 벌였기 때문입니다.

P2P대출을 빙자해 가짜 금괴를 담보로 내세운 폴라리스펀딩이 대표적

인 사례입니다. 서울 영등포 경찰서는 2018년 8월 연 20% 수익을 보장한다며 1200여 명의 투자자에게 135억원 규모를 모집해 제멋대로 유용한 혐의로 대표 등 4명을 구속해 기소의견으로 송치했습니다. 일당은 투자자들을 안심시키려고 가짜 금괴도 만들었습니다. 경찰에 따르면 폴라리스펀딩 일당은 가짜 금괴 120여 개를 제작해 대여금고에 보관하면서 해당 사진을 홈페이지·버스광고·간담회에 노출해 투자자들을 현혹했습니다. 이들은 허위 차주를 내세워 자금을 끌어모았습니다.[14]

금감원은 협회들이 나름의 자정 노력을 기울이고 있다는 점에 착안해 가입 여부를 위험도 판단 기준 중 하나로 짚었습니다. 협회 회원사가 되려면 협회 내 사무국의 심사를 거쳐 통과야 하기 때문입니다. 협회 회원사의 자격은 P2P대출 가이드라인을 준수하고, 회사의 주주, 인력 구성 현황 등을 협회에 보고해야 하고 외부 감사를 받는 것 등입니다. 협회는 투자자 보호가 미흡한 회사의 경우에는 과감하게는 회원자격을 박탈하기도 합니다. 한때는 회원사였다가 대표이사의 구속기소, 경찰조사 등으로 제명당했거나, 제명 전에 P2P협회를 스스로 탈퇴한 펀딩플랫폼, 빌리, 펀듀 등이 그 사례입니다.

협회 비회원사는 협회 회원 가입 심사에서 탈락했거나, 협회의 자율 규제 사항을 피하기 위해 의도적으로 가입하지 않는 회사일 가능성도 큽니다. 회사가 불투명하게 운영되고 있을 소지가 있습니다.[15] 현재 200여 개

---

14) 서울경제, 2018.08.17, 가짜 금괴로 20% 수익… 경찰, 135억 가로챈 일당 검거

15) 마켓플레이스금융협의회를 발족한 렌딧, 8퍼센트, 팝펀딩 등은 예외. 이들은 신용대출

의 P2P회사가 난립한 상황이고, 이 가운데는 P2P대출을 빙자한 유사수신 업체도 존재합니다. P2P투자는 아직 법제화가 되지 않아 금융 당국의 관리 감독도 미치지 않으니, 다른 금융상품에 투자할 때보다 더욱 주의해야 합니다.

담보란 무엇인가

일부 P2P투자 상품에서 대출을 내어주는 조건으로 잡는 '담보'에 대해 알아보겠습니다. 담보란 채무자가 돈을 빌리는 대가로 채권자에게 맡기는 대상물입니다. 만약 채무자가 돈을 갚지 못하면 채권자는 담보를 시장에 팔든지 하여 현금화하면 되고, 이를 통해 원리금을 회수합니다. P2P대출에서는 대출 계약의 중개인인 P2P회사가 투자자를 대신해 담보를 처분하고 원리금을 회수합니다.

한번에 이해되는 P2P투자의 원리

피규어 매니아 서현은 교통사고를 내고 합의금 50만원을 상대에게 현금으로 줘야 하는 처지에 놓였습니다. 그런데 마이너스통장도 한도까지 꽉꽉 채워 쓴 데다, 지금 당장 이런 소액을 대출받으려면 고금리인 현금서비스를 이용할 수밖에 없다는 사실에 가슴이 답답했습니다. 이때 서현이 떠올린 사람은 회사 동기 준하였습니다. 서현은 준하에

을 주요하게 다루는 회사

게 '50만원만 빌려달라. 월급 들어오면 갚겠다'고 전화했고, 준하는 이 전화를 받고 깊은 고민에 빠졌습니다. 예전에도 서현이 10만원을 빌려갔는데, 1개월 후에 주겠다고 해놓고 1년 후에 줬기 때문입니다. 하지만 우유부단한 준하는 서현의 딱한 사정을 외면하지 못했습니다. 준하는 50만원을 빌려주는 대신, 서현의 비싼 피규어를 '담보'로 잡겠다고 했습니다. 돈이 급했던 서현은 선뜻 80만원짜리 한정판 피규어를 회사 공용 사물함에 둘 테니, 만약 자신이 1개월 뒤에도 돈을 갚지 못 하면 이걸 팔아서 현금으로 가져도 좋다고 했습니다.

시간이 지나 돈을 갚을 시일이 지났음에도 서현은 또 돈을 갚지 않았습니다. 준하는 피규어를 내다 팔기 위해 회사 사물함을 열었습니다. 그 순간 준하의 손목을 낚아챈 것은 또 다른 회사 동기 재동이었습니다. 알고 보니 서현은 재동에게도 20만원을 빌리면서 이 피규어를 담보로 잡혔던 것입니다. 준하는 그래도 안심했습니다. 피규어는 80만원짜리니까, 이걸 내다 팔면 재동과 사이좋게 50만원, 20만원을 갖고도 10만원이 남겠다는 생각이었습니다.

예상은 보기 좋게 빗나갔습니다. 그 피규어는 중고장터에서 60만원에 거래되었습니다. 이제 준하와 재동은 피규어를 판 돈을 가지고 '내가 너보다 먼저 빌려줬다'며 싸우기 시작합니다. 확인해보니 재동이 준하보다 5일 먼저 돈을 빌려준 것으로 확인됐습니다. 재동은 피규어를 판 돈 60만원에서 자신의 몫인 20만원을 챙겨갔고, 준하는 자신이 빌려준 50만원 대신 40만원만을 손에 쥐고 크게 좌절했습니다.

P2P투자란 무엇인가

앞에 있는 짤막한 이야기는 담보의 실제 가치와 담보에 대한 권리의 '우선 순위'가 중요하다는 점을 시사합니다. P2P회사들은 '차입자가 대출금을 갚지 않으면, 담보를 매각해 원리금을 돌려주겠다'고 투자자들을 안심시킵니다. 이 같은 달콤한 약속이 현실성이 있는지 짚고 넘어가야 합니다. 담보가 있다고 마냥 안심하게 되면 준하처럼 투자금 손실을 입을 수 있기 때문입니다.

담보를 매각해 확보한 현금을 먼저 돌려받을 권리가 있는 채권자가 선순위 채권자입니다. 위 글에서 선순위 채권자는 재동입니다. 준하는 후순위 채권자인데, 선순위 채권자가 자신들의 투자금을 회수하고 나서 나머지 돈에 대한 권리를 행사할 수 있습니다. 사자가 먹고 남은 것을 식량으로 삼는 하이에나의 처지로 생각하시면 쉬울 듯합니다. 사자가 많이 먹어서 남은 것이 없는 날엔 하이에나는 굶어야 합니다.

대개 P2P대출을 이용하는 차입자는 담보 한 개로 여러 금융 기관에서 돈을 빌렸을 가능성이 매우 높습니다. 특히 담보 가치가 높은 토지, 건물 등 부동산은 둘 이상의 채권자가 존재할 확률이 높습니다.

선순위 채권단 A에게 5억원을, 후순위 채권자 B에게 4억원을 빌려간 채무자 C가 있다고 가정해봅시다. C가 담보로 내놓은 부동산 가격은 10억원이기 때문에, B는 만약 C가 돈을 갚지 않아도 담보 부동산을 처분하면 된다고 생각하고 있었습니다. 그런데 담보를 팔았는데, 7억원밖에 받지 못했다면 어떻게 될까요. 선순위 채권단 A는 7억 중 5억원을 먼저 챙겨갑니다. 후순위 채권단 B는 빌려준 4억원 가운데 2억원만 회수하고 나머지 2억원을 고스란히 날리게 됩니다.

P2P투자금은 대부분 후순위 채권자로서 대출에 참여합니다. P2P대출의 금리가 10% 중반이니, 대출자는 금리가 이보다 더 낮은 금융기관에서 먼저 대출을 받고 나중에 추가대출을 위해 P2P회사를 찾기 때문입니다. 그 P2P회사가 담보 가치를 제대로 매기는지, 선순위 채권자의 권리 금액을 치른 후에도 후순위 대출금액을 갚을 여력이 있을지를 잘 따져봐야 합니다. 자세한 담보 가치 평가 방법은 투자 상품별 소개에서 다뤄보겠습니다.

담보물의 환금성

환금성이란 자산을 팔아서 현금화할 수 있는 설정을 의미합니다. 환금성이 높은 자산이라고 평가받는 것일수록 처분해서 현금으로 바꾸기 쉽습니다. 환금성이 좋은 자산은 아파트입니다. 아파트는 토지나 상가 등 다른 부동산에 비해 현금화가 쉽습니다. 수요가 많고 일반인들도 인터넷으로 손쉽게 시세를 확인할 수 있고, 경매에 넘어갔을 때의 가격 할인 폭을 어느 정도 예측할 수 있습니다.

★★★ 복습하기 ★★★

차입자가 돈을 갚지 못 하면 '담보'를 매각해 현금화한다.
후순위 채권자일 경우 투자금을 회수하지 못할 수도 있다.

P2P투자란 무엇인가

막간상식
(근)저당권

채권자가 채무자 소유 부동산을 담보로 대출을 해주면서 부동산 등기부에 '저당권'을 설정하면, 채권자는 채무자가 돈을 갚지 않을 경우 별도로 소송을 하지 않고도 저당권에 의해 경매를 신청할 수 있습니다. 저당권자는 경매가 실제로 이뤄져 부동산이 처분됐을 때, 그 매각대금에서 대출금을 다른 채권보다 우선해서 변제받을 수 있습니다. 동일한 부동산에 여러 개의 저당권이 설정된 경우 그 순위는 등기설정을 먼저 한 순서대로 적용됩니다. 대개 경매까지 거쳐 담보를 처분하면 원리금 회수까지 반년에서 1년 정도가 걸립니다.

은행에서 아파트를 담보로 저당권을 설정하고 1억원을 빌린 사람이 원리금을 상환하지 않아 담보를 처분해야 하는 상황이라고 가정해봅시다. 이 아파트가 경매로 넘어가게 되면 저당권자인 은행은 다른 채권자보다 우선해서 1억원을 변제받을 수 있습니다.

건축자금을 빌려주는
부동산 PF

"공부하지 않고 투자하는 것은
포커를 칠 때 카드를 보지 않고 돈을 거는 것과 같다."
– 피터 린치

담보에 따라 P2P투자 상품을 세분화해서 알아봅시다. 부동산을 담보로 하는 상품들은 규모가 크고 대출의 방식 등이 다양해, 세세하게 나눠서 다루겠습니다. 이후 신용대출이나 매출채권 담보대출, 전자어음, 동산담보대출 등 다양한 상품을 소개하겠습니다.

부동산 관련 P2P투자는 부동산에 대한 간접투자 방법 중 하나입니다. 직접 집이나 상가, 토지를 보러 다니고 매매 계약을 체결하는 것과는 다른 방식의 부동산 투자입니다. 주로 기관들이 해왔던 개발, 시공, 임대, 처분 등 부동산의 요람에서 무덤까지 간접투자해볼 수 있는 상품들이 있습니다. 국내 P2P대출시장은 투자금의 절반 가까이가 부동산 관련 상품에 유입됐습니다. 미국이나 영국 등과는 다른 독특한 특징입니다.

부동산 P2P투자 상품

빌라, 아파트, 상가 등 새 건축물을 짓는 것을 '부동산 개발'이라고 합니다. 부동산 프로젝트파이낸싱Project Financing은 부동산 개발 사업에서 완공후 발생할 미래의 수익을 대가로 공사 비용을 조달하는 기법입니다. 사실 지금 당장은 담보로 잡을 부동산이 없다는 의미로, 사실상 신용대출이라고 볼 수도 있겠습니다. 금융 기관은 부동산 개발업자에게 거액의 단기자금을 빌려주고 완공 이후 담보대출, 분양이나 임대, 매각 등으로 발생하는 수익으로 대출금을 회수합니다.

부동산 PF 투자가 위험하다고 평가받는 이유는 아무것도 없는 땅 위에 지어질 건물의 미래 가치를 심사해서 대출을 해주는 것이기 때문입니다. 프로포즈와도 비슷한 구석이 있습니다. "지금은 비록 가진 게 없지만 나는 당신 손에 물 한 방울 안 묻히도록 행복하게 해줄 거야"라는 말과 함께 구체적인 청사진을 제시하는 사람은 결혼에 성공할 확률이 높지만, 어딘가 못미더운 사람이 저런 말을 하면서 결혼하자고 하면 망설이게 되겠죠. 즉, 높은 수익률과 같은 달콤한 말보다는 정말 수익성 있는 건설 사업인지, 부실 시 출구 전략은 제대로 세워져 있는지 등을 냉정하게 따져봐야 합니다.

건설업계에서 신뢰도가 높은 대형 건설사는 아파트 개발 사업을 할 때 완공 전에 분양을 해서 건축 자금을 조달합니다. 대형 건설사의 프로젝트는 공사가 도중에 멈출 위험도 낮고, 건설사 부도 등으로 난항을 겪을 일도 거의 없기 때문입니다. 대단지 아파트는 이렇게 미리 받은 수분양자의 계약금과 중도금으로 공사비를 충당하지만, 빌라나 상가 등은 사정이 좀다릅니다. 건물이 완공되기 전 수분양자로부터 미리 계약금을 받는 일은 거의 없습니다. 단, 상가 건물도 수십억원, 수백억원대의 대형 프로젝트라면 건축자금을 증권사 등 금융회사로부터 조달받기도 합니다. 대형 프로젝트는 대개 수익성이 어느 정도 예측되는 입지 좋은 곳에서 진행되기 때문입니다.

●────── 부동산 PF 상품의 이해 ──────●

구분	부동산 PF(건축자금)
대출자	시행사(건축주)
대출시점	사업 초기
대출 목적	건축프로젝트에 필요한 토지구입비 및 공사대금, 기타 사업비용 조달
대출 구조 (안전장치)	토지에 대한 근저당권 (신탁 미관리 사업장) 사업장 신탁수익권(신탁 사업장)
상환재원	분양대금 또는 준공 이후 대환대출
리스크	사업 인/허가 리스크 준공리스크, 분양리스크

금리 사각지대 빌라 PF가 P2P대출로 향했다

그렇다면 사전 분양도 못하고, 제도권 금융회사의 손을 빌릴 수도 없는 중소형 빌라 개발업자들은 어떻게 건축자금을 충당할까요. 이들은 P2P대출을 이용해 불특정 다수의 투자자들로부터 자금을 조달합니다. 빌라 PF

는 투자자 입장에서도 연 금리가 12~19% 수준으로 꽤 수익률이 높은 투자 상품입니다.

이들은 왜 연 10%를 훌쩍 넘는 금리를 부담하면서까지 P2P대출을 이용할까요? 첫째, 빠르게 현금으로 공사비를 조달하기 위해서입니다. 기존 금융권에선 대출을 받을 수 있는지 확인하는 데만 한 달 가까이 걸리고, 심사를 기다려봤자 빌라 건축자금은 대부분 거절당합니다. 시공사가 망해서 공사를 멈추기라도 하면, 뼈대만 남아 있는 그 토지는 담보 가치가 뚝 떨어지기 때문입니다. 빌라 건축자금은 은행 입장에서는 규모도 작은데 리스크는 큰, 이익이 남지 않는 장사입니다.

시중은행에서 대출을 거절당한 빌라 개발업자들은 이제 저축은행이나 대부업체를 찾게 됩니다. 이때 법을 지키는 대부업체는 연 20% 후반, 법에 구애받지 않는 사채업자들은 30~40%대의 고금리를 매깁니다. 부동산 개발업자들이 이 같은 고금리 이자를 부담하면서까지 돈을 빌리는 이유는 간단합니다. 일단 건물을 다 짓고 분양만 하면 대출금을 충분히 갚고 수익까지 남길 수 있기 때문입니다. P2P대출이 활성화되면서 개발업자들은 연 10%대 금리로 건축 자금을 조달할 수 있게 됐습니다.

부동산 PF P2P투자의 작동 원리

부동산 PF 투자를 하려면 먼저 PF의 구조, 그리고 자금의 이동 방식을 이해해야 합니다. PF가 확정되면 총 건축 자금 대출 규모가 정해지는데, 정해진 한도 내에서 공사 진행에 따라 돈을 빌려갈 수 있습니다. 즉, 대주단은행, 증권사, 보험사, 저축은행, P2P회사 등 돈을 빌려준 주체들은 부동산 개발업자에게 한꺼번에 공사대금 전액을 지급하지 않습니다. 시공사는 공정률에 따라 공사비를 조금씩 받아갈 수 있습니다. 마이너스통장을 생각하면 쉽습니다. 쉽게 말해 공사가 30% 진행되면 약속된 대출금의 30%를 받고, 80%가 진행되면 80%를 받는 식입니다. 대개 PF 대출금은 완공 후 제도권 금융회사로부터 완공된 건축물 담보 대출을 받아 P2P투자금을 대환합니다. 완공된 건물은 '담보'로서 가치가 생기기 때문에, 금융회사들이 이를 담보로 인정합니다. 허허벌판에 골조만 남은 땅이 될 뻔한 리스크가 사라졌다는 의미입니다. 만약 대환 대출이 원활하지 않으면 건물을 분양해 분양대금으로 상환하기도 합니다. 미분양이 발생하면 전세 분양을 하기도 합니다.

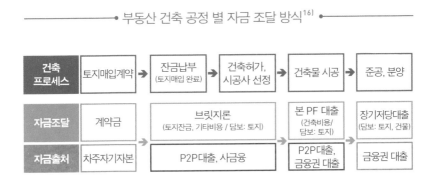

부동산 건축 공정 별 자금 조달 방식[16]

---

[16] 금융위원회·금융감독원, 2017.09, P2P를 통한 부동산 PF 상품 투자 시 유의사항

시행사

시행사는 부동산 개발 사업의 모든 과정을 책임지고 관리하는 주체입니다. 사업 관련 자금을 조달할 때 대출자(차주)가 됩니다. 건축 사업의 자금을 조달해 부지를 매입하고 인허가, 시공사 선정, 분양 등을 담당합니다. 프로젝트 구상을 담당, 초기에 판을 짜는 역할을 합니다. 일부 대형 회사들을 제외하고는 소수의 인력으로 이뤄져 있으며, 규모가 영세합니다.

시공사

시행사로부터 발주를 받아서 설계된 도면에 따라 공사를 담당하는 건설사입니다. 건축물 완성을 책임지는 주체로, 부동산 개발 프로젝트의 원활한 진행을 위해 조건에 관계없이 반드시 건축물을 준공한다는 약정을 맺습니다. 국내에서는 자금력이 약한 시행사의 신용도를 보강하기 위해 주로 채무 인수, 연대보증 등의 형태로 각종 신용보강을 제공합니다.[17] '자이' '래미안' 'e편한세상' 등의 브랜드 아파트를 짓는 현대건설, 대우건설, 삼성물산 등 1군 건설사들이 시공사로 분류됩니다. 그 외에도 작은 빌라 등을 짓는 소형 시공사들도 있습니다. 분양 성패에 손익이 갈리는 시행사와 달리, 시공사는 건물을 지어주고 정해진 건설비를 받아갑니다.

---

17) 2011. 12, 건국대학교 부동산·도시연구원, 부동산개발금융제도 개선방안 연구

P2P투자란 무엇인가

대단지 아파트 건축과 같은 대형 프로젝트에서는 시공사가 시행사를 선정합니다. 지난 1997년 외환위기 이후 대기업 건설회사들은 시행과 시공을 한 회사 내에서 하지 않습니다. PF를 통해 금융회사에서 자금을 빌리면, 재무제표에서 대출금이 부채로 잡히기 때문입니다. 외환위기 당시 건설사들은 부채 비율을 낮춰야 했습니다. 그래서 외환위기 이후 대출을 받는 금융 기능은 시행사로 분리하고, 실물 공사를 진행하는 역할만 시공사가 담당합니다. 반면 작은 부동산 개발 사업은 대부분 시행사가 시공사를 선정합니다.

부동산 신탁사

'재산을 믿고 맡기는' 회사를 신탁사라고 합니다. 신탁사는 대출금 관리 및 집행, 운영계좌 관리, 분양수입금계좌 관리와 발생 수익 배분 등을 담당합니다. 돈을 빌려주는 금융회사(대주)와 건물을 짓는 시행사, 시공사 사이에서 각종 자금을 관리합니다. 대출금을 시공사나 시행사가 빼돌려 건축 자금 외의 용도로 쓸 위험을 막기 위해서입니다.

대주

시행사의 사업 시행 계획을 바탕으로 자금을 빌려주는 역할을 담당하는 금융기관입니다. 담보가 부족한 상태에서 불확실성을 감당해야 하므로 비교적 고금리 이자를 받고 대출을 시행합니다. 여러 금융 기관이 대출을 해주면 이들을 '대주단'이라고 통칭합니다.

부동산 PF 상품 투자 시 살펴볼 7가지

P2P회사의 전문성

부동산PF 투자 상품은 사업성과 리스크를 분석하는 데 상당한 전문성이 필요합니다. 건축자금 대출 신청을 심사하는 P2P회사의 구성원은 건축 공정에 대한 이해도가 매우 높아야 합니다. 아직 짓지 않은 부동산의 자산 가치를 평가하는 것은 쉽지 않은 일이기 때문입니다. P2P회사가 매달 공사가 얼마나 진행됐는지, 즉 건축 진척 현황을 투자자에게 공유해 주는지도 확인해 보세요. 그런 다음, P2P회사의 인력 규모를 반드시 확인하세요. '크레딧잡'을 통해 회사의 고용 현황을 알 수 있습니다. P2P업계에 따르면 한자리 수 인원으로 수백억원 규모의 건설 현장을 관리하는 것은 물리적으로 불가능합니다.

심화과정 부동산 PF 전문 P2P회사 '테라펀딩'에 물었다, 건축 진척도 확인

"건축 진척도 확인에 대해 얘기하려면, 대출 규모별 PF의 속성부터 짚고 넘어가야 해요. 저축은행이 선호하는 PF 대출 규모는 작으면 50억원에서 200억원 정도까지예요. 저축은행도 동일 차주에 대한 PF 한도 제한이 있는데, 개인이면 50억원. 법인이면 100억원이거든요. 가령 개인 차주가 200억원짜리 PF 대출을 받고자 하면, 4개 저축은행이 50억원씩 돈을 모아요. 저축은행 입장에선 100억원짜리 대출을 해주나, 50억원짜리 대출을 해주나 똑같이 일하는데, 차주가 개인이면 한도가 작아서 다른 저축은행과 나눠 먹어야 하니 번거롭죠. 저축은행은 그래서 차주로 개인보다는 한도가 더 큰 법인을 선호하고 다른 회사랑 같이 하지 않고 혼자 할 수 있는 건을 선호해요. 만약 대출 건에 문제가 생기면 대주단 협의가 꽤나

귀찮거든요. PF 규모가 한 300억~500억원쯤 되면 증권사에서 취급해요. 그 규모를 넘어가는 대단지 아파트 같은 건은 시중은행에서 취급해요.

─────────● 공사 진행 현황 공유하는 P2P회사의 예시 ●─────────

대지면적	건축면적	연면적	규모	세대수	외장재료
621.3 m²	373.47 m²	4377.3 m²	지하2층~지상11층	80세대	화강석, 미장스톤

주요 진행사항
· 본 사업지는 마감공사 마무리가 진행중에 있습니다.

근데 잘 생각해보시면, 기존 금융기관은 건축 공정을 확인할 이유가 딱히 없어요. 은행이 수백, 수천억원짜리 대단지 아파트 PF 대출을 해주면서 GS건설이나 롯데건설 같은 대형 건설사한테 '바닥 공사 끝났냐, 골조 공사 끝났냐' 따지지 않죠. 워낙 신뢰도가 높은 1군 건설사들이니까요.

근데 영세한 시공사들은 신뢰도가 없으니 은행이 돈을 빌려주면 용도대로 잘 쓰고 있는지 건축 공정을 확인해야 하는데, 이렇게 귀찮게 하니 차라리 대출을 안 내주겠다는 입장인 거에요. 이런 환경이다 보니까

기존에 금융기관이 건축 공정을 확인하는 것이 일반적인 것이 아니에요. 모든 금융기관 통틀어서 내부에 건설 관련 인력 있는 곳이 거의 없을 겁니다. 우리는 규모가 작은 PF대출의 리스크를 헷지하기 위해 건축 진척도를 확인해요. 시중은행 입장에서 보면 '저걸 어떻게 직접 하지' 싶다고 하더라고요."

자금관리- 신탁사 개입 여부

"신탁사를 끼지 않은 부동산 PF 대출은 사기대출일 가능성이 매우 높거나 확실하게 사기"라고 김대윤 한국핀테크산업협회장은 강조합니다.

PF 대출금은 '건축'이라는 목적이 뚜렷한 자금입니다. 이를 멋대로 다른 곳에 쓰거나 하면 안 되지요. P2P회사는 대출금이 용도에 맞게 자금이 쓰이고 있는지 주기적으로 확인해줄 수 있는 역량이 있어야 합니다. 그래서 '신탁사를 통한 자금 관리'가 중요합니다.

부동산 PF P2P대출의 신뢰도에 있어 부동산 신탁 활용은 매우 중요한 요소입니다. P2P회사는 '부동산 신탁사'와 업무 협약을 통해 담보자산인 부동산 소유권을 대출기간 동안 시행사에서 신탁사로 이전시킴으로써 시행사 리스크로부터 사업 리스크를 절연하고 채권자의 권리를 온전히 보전할 수 있습니다. 또한, 부동산 신탁사가 제공하는 에스크로 계좌를 활용해 자금관리를 하면 대출금이 용도 외의 목적으로 사용되지 않도록 방지할 수 있습니다.

신탁사의 역할은 분양 시점에도 중요합니다. 신탁사는 분양 대금을 시행사 대신 받아서 시공사에 공사비를 정산해주고, 대주단에 대출금을 상환해주고, 시행사에 남은 수익금을 전달합니다. 분양대금을 시행사가 직접 받고 나서, 시공사나 대주단에 줘야 할 돈을 정산해주지 않고 도주할 리스크를 제거하기 위해서입니다.

부동산 PF 투자 상품을 주로 취급하는 테라펀딩의 경우, 사업지에 부동산 신탁사를 활용한다고 합니다. 그리고 내부에 건설사 출신의 인력으로 구성된 사업관리팀을 두고 사업장의 건축 진척도를 실사합니다. 실사 결과에 따라 공정이 진행된 만큼만 대출금을 순차적으로 내어주는 것을 장점으로 내세우고 있습니다. 부동산 신탁사의 에스크로 계좌에 PF 대출금을 예치해두고, 테라펀딩이 확인한 내역에 대해서만 자금이 지급될 수 있도록 관리하는 식입니다. 공사대금이 시공사에 제대로 지급되지 않거나 불필요하게 사용되지 않도록 통제할 수 있다는 것입니다. 대출이 실행된 후에는 '부동산 신탁사'의 '에스크로' 계좌에 대출금을 예치해 차입자가 대출금을 용도 외로 사용하지 못하도록 관리합니다.

심화과정 테라펀딩에 물었다, '신탁'

"PF 대출에서 신탁을 맡기려면 토지에 우리보다 선순위인 다른 채권자가 없어야 해요. 테라펀딩은 신탁을 맡기기 위해서 1순위 대출만 취급해요. 그런데 대부분 건축주는 건물을 올릴 토지를 살 때 은행에서 토지담보대출을 받아서 사요. 그럼 이 토지담보대출 해준 금융기관이 1순위 채권자에요. 우리는 이 토지담보대출금을 갚는 조건으로 PF 대출을 해줘요. 우리한테 받은 대출금으로 토지담보대출금을 갚고나면, 이제 우리 테라펀딩이 1순위 채권자가 돼요. 만약 우리가 1순위 채권자가 아니고 2순위 채권자로 PF대출을 해주면 신탁을 맡기는 게 불가능해요. 2순위 채권자가 신탁을 맡기려면 1순위 채권자의 동의가 필요하거든요. 1순위 채권자는 근데 신탁 계약에 동의를 안 해주죠. 근저당을 설정했는데 굳이 신탁을 할 이유가 없어요.

테라펀딩이 끼고 있는 신탁은 관리형 토지신탁이에요. 건축주, 즉 토지의 소유자가 우리에게 돈을 빌리기 위해서 신탁사에 땅을 맡기는 것입니다. 즉 건축주가 위탁을 하면 소유권이 그 공사기간 신탁 계약에 의한 신탁 기간 에는 땅의 소유권이 신탁사에 있죠."

사업장이 위치한 지역

부동산 개발 사업의 성패를 가르는 요인은 '입지'입니다. 수요가 많은 자리에 건물을 지어야 완공 후 건물의 가치가 높습니다. 건물을 지어서 수익이 많이 나야 P2P투자금에 대한 상환 재원도 마련됩니다. 모든 방식의 상환 재원 마련 방법이 입지에 큰 영향을 받습니다. 금융권으로부터의 대환 대출과 분양, 전세 분양, 경매·공매 등이 전부 그렇습니다.

사업장 위치가 지하철역 근처 등 교통환경이 좋은 곳에 위치해 있으면 대부분 완공하고 나면 물량이 잘 나갑니다. 건물을 짓는 사업장이 평소 잘 아는 동네일 경우 완공 후 가치를 대충 가늠할 수 있을 겁니다. 인근 지역의 공인중개사에 알아보면 해당 지역의 빌라 가격이나 거래 현황 등을 쉽게 파악할 수 있습니다.

높은 공정률 – 공사 중단 위험 낮추기

공사가 얼마나 진행된 상품인지에 따라서도 안정성이 달라집니다. 거의 다 지은 건축물에 대한 투자는 공사 중단에 대한 리스크가 프로젝트를 갓 시작한 사업장에 비해 조금은 낮습니다. 공사 중단은 투자금 회수에 가장 치명적인 리스크입니다. 완공을 못하면 담보로 삼을 만한 건축물이 없어지는 것이기에, 투자금 상환이 불투명해집니다. 건물이 완공되고 사용승인을 받아야만 투자자는 투자금을 회수할 수 있습니다.

길거리를 지나가다 보면 뼈대는 세워져 있는데 한참 동안 공사가 진행되지 않아 흉물스럽게 널려 있는 공사 현장을 보신 적 있을 겁니다. 여기에는 공사 도중 개발업자가 도산하는 등의 문제로 대출해준 돈을 예정대로 돌려받지 못한 사람들의 아픔이 담겨 있습니다. 이렇게 준공 자체가 어그러지면 아무것도 소용이 없습니다.

참고로 투자 기간이 1년 이상으로 너무 길면 부동산 경기 등락에 대응하기 어렵다는 의견도 있습니다. 반대로 1~3개월로 너무 투자기간이 짧은 경우에도 의심을 해봐야 합니다. 불순한 마음을 먹은 사기꾼들이 투자자들이 투자 기간이 짧은 상품을 선호한다는 점을 악용해 단기·고수익률의 허위 투자 상품을 올리고 돈을 가로채려고 하기 때문입니다. 개인적으로 1년보다는 짧되, 그렇다고 너무 짧지 않은 수준의 투자 상품을 선호합니다.

LTV, 낮을수록 좋다

건축자금 투자 상품에서 제시되는 주택담보대출비율LTV 은 건물이 완공된 후 매겨질 예상담보가치를 바탕으로 계산된 것입니다. 예상 담보 가치가 10억원인데 대출금이 4억원이면 LTV는 40%입니다. 그런데 부동산 시장이 상황이 나빠져 당초 예상보다 완공 후 가치가 낮아지면 어찌될까요. 담보 가치가 10억원에서 8억원으로 줄어들면, 대출금 4억원에 대한 LTV는 당초 40%에서 50%로 올라갑니다. 일부 전문가들은 사실 LTV가 부동산 PF 대출 투자 상품에 큰 의미를 갖는 요소는 아니라고도 합니다. 아무리 장래의 담보 가치가 전문가들이 산출한 것일지라도, 시장에 큰 변화가 닥치거나 하면 언제든지 늘어나기도, 줄어들기도 할 수 있다는 설명입니다. 그래도 기왕이면 LTV는 낮게 잡을수록 안전하다는 의견도 여전히 있습니다.

대출자의 자기자본비율 에쿼티

'에쿼티 Equity'는 공사에 투입한 총 사업비 중 대출을 신청한 사람이 투자한 자본의 비중을 말합니다. 보통 에쿼티는 사업 부지를 확보하고 인허가를 획득하는 등 초기 사업비로 사용됩니다. 대출자 본인의 투자금이 많을수록, 즉 에쿼티 비율이 높을수록 공사가 안정적으로 진행될 확률이 높습니다. 사업에 차주의 자기 자본이 많이 투입될수록, 차주가 책임감을 갖고 사업을 진행하게 되며, 분양가가 예상치보다 하락해도 대출금을 보전하는 데 유리합니다.

가령 사업비 10억원짜리 공사를 하는데, 자기 돈 2억원을 투자하고 8억원을 빌려서 공사를 진행하는 사람과, 자기 돈 5000만원을 넣고 9억 5000만원을 빌려서 공사하는 사람의 책임감은 다를 것입니다. 이 두 명의 개발업자가 12억원의 가치를 예상하고 건물을 지었는데, 부동산 경기가 나빠져 분양 시점이 되니 8억 4000만원의 수익밖에 거두지 못한다면 어찌될까요. 그래도 전자 자기자본 2억원 투입 는 대출금 8억원 을 갚을 수 있어, 투자자들이 빌려준 투자금은 보전할 수 있습니다. 하지만 이 공사의 사업비가 5000만원, P2P투자로 조달한 대출금이 9억 5000만원이었다면? 사업자가 수익 8억 4000만원 전액을 대출금을 갚는 데만 써도 모자라고, 투자자는 1억 1000만원 손해를 보게 됩니다. 이 같은 이유로 저축은행에서는 PF를 집행할 때 에쿼티^{자기자본}가 20% 이상 투입된 건에만 대출을 해줍니다. P2P회사들은 대출자에게 요구하는 최소 에쿼티가 10% 내외인 것으로 파악됩니다. 물론 이는 대출자를 제대로 심사하는 건전한 P2P회사들의 이야기이고, 이런 기준 없이 돈을 막 빌려줬다가 고객의 투자금을 돌려주지 못한 P2P회사들도 있었습니다.

계절의 변화

이 부분은 피자모 회원 '이자로라면먹자'님이 올려주신 정보를 인용합니다. 여름에는 태풍과 비로 고생하는 지역이 있고, 겨울에는 눈으로 고생하는 지역이 있습니다. 여름에 비가 많이 오면 외부 골조 공사를 못 하고, 겨울에 너무 추우면 콘크리트 양생이 안 돼서 공사가 진행이 안 되는 경우들이 빈번하다고 합니다. 특히 지난 2017년 12월부터 2018년 2월까지 한파로 부동산PF 상품의 '공사 지연'에 따른 연체가 잦았습니다. 공사 기간 중 1~2개월은 실제로 공사가 진행되지 않고 멈추는 기간으로 생각하고, 연체에 대한 마음의 준비를 하는 것이 마음 편한 방법이라고 합니다.

다음 표의 항목들은 P2P회사가 부동산 PF P2P투자 상품을 출시할 때 반드시 투자자들에게 알려야 하는 사항들입니다. 부동산 PF 투자 상품을 다루는 P2P회사인데도 홈페이지에 다음과 같은 내용이 없는 경우 P2P회사의 연계대부업체가 제재를 받을 수 있습니다. 2018년 금융위원회의 P2P대출 가이드라인 개정안에서 발췌한 내용입니다.

구분	공시사항	내용
사업내용	사업개요	• 사업에 대한 개요(사업목적, 공사대상지역 상세주소, 공사기간, 담보가치, 자금관리체계, 예상수익률, 위험도, 수수료 등)
차주	차주 정보	• 대출목적, 신용도, 재무현황, 대출기간, 상환일 등
	자기자본투입 비율	• 차주의 자기자본 투입 여부 및 비율
시행사	사업실적	• 시행사의 과거 부동산PF 사업 실적
	진행중인 사업지	• 복수의 사업 동시에 시행 시 해당 사업지들 정보
시공사	재무건전성	• 최근 3개년 재무정보
	시공능력	• 유사 건축물 시공실적
	진행중인 사업지	• 복수의 사업을 동시에 시공 시 해당 사업지들 정보
대출자금	자금용도	• 대출자금의 사용 용도(토지매입비, 건축자금 등)
	자금관리체계	• 대출된 자금의 관리주체(신탁사, 자산운용사 등) 및 집행 프로세스
상환계획	상환계획 및 재원	• 대출금 상환계획, 상환예정일 및 재원 등* *분양수익 : 사업지 입지, 분양가, 인근 사업장 분양률 금융권 대환 : 준공 후 금융권의 대출 예정 금액 및 LTV 등

18) 금융위원회. 2018.12.12. P2P대출 가이드라인 개정안

구분	공시사항	내용
법률관계 입증 서류 등	소유권, 담보권 등을 확인할 수 있는 서류 등	·건축 대상 부지에 관한 매매계약서, 등기부등본 등 소유권 관련 서류 ·해당 사업부지에 관한 권리관계(채권, 채무 등) ·건축허가증 등

● 부동산PF P2P투자 체크리스트[19] ●

아래 표는 금융감독원에서 부동산 PF P2P투자를 할 때 투자자가 확인해야 할 것들을 적어놓은 '체크리스트'입니다. 부동산 PF 상품 투자 시 활용하세요.

확인사항		내용	Y/N
차주	차주	·토지소유자, 건축주, 시행사, 건설사 등 차주가 누구인지	
	자기자본	·차주가 사업지에 자기자본을 투자하는지, 투입된 자본이 다른 금융회사로부터 대출금은 아닌지	
시행사	사업실적	·시행사가 사업의 자금조달, 인허가, 시공사선정 등 전반적인 사업추진을 담당 → 사업수행능력 확인	
	진행중인 사업지	·복수의 사업을 동시에 시행 시, 타사업장의 부실이 전이될 가능성 파악	
시공사	재무 건전성	·시공 중에 시공사 부도 시, 시공사 교체에 따른 공사 기간 지연가능성 → 최근 3개년 재무제표 확인	
	시공능력	·건축물 특성에 따른 시공계획, 현장관리 등이 상이 → 유사 건축물 시공실적 확인	
	진행중인 사업지	·복수의 사업을 동시이 시행시, 타사업장의 부실이 전이될 가능성 파악	

---

19) 금융감독원, 2017.09.22, P2P대출을 통해 부동산PF 상품에 투자 시, 리스크 요인을 반드시 점검하세요.

확인사항		내용	Y/N
대출자금	자금용도	·자금용도가 명확하지 않을 경우 사업구조가 불투명하고, 자금이 유용될 가능성이 높음 → 대출자금의 지출 예상내역을 확인	
	자금관리 체계	·P2P대출업체가 대출된 자금이 용도에 맞게 집행되는지 확인할 수 있는 시스템을 갖추었는지 확인	
상환계획	상환계획 및 재원	·상환계획, 재원에 맞게 리스크 점검 필요 1) 분양수익 : 사업지 입지, 분양가 적정성 등 점검 2) 금융권 대환 : 준공 후 금융권의 대출이 가능한 대출 범위인지, 사업성평가가 타당한지 확인 * 사업지 입지에 따라 LTV 약 60~80% 범위	
확인 서류	등기부등 본	·토지소유권 확보(토지매매계약서로 대체 가능) ·사업부지 권리관계 파악(채권, 채무 등)	
	인·허가	·건축허가증(관련 지자체 발급)	
P2P대출 중개업체	전문성	·심사 · 건설 전문인력 2~3명 이상 확보하거나, 전문기관에 대한 업무 위탁 등을 통해 전문성 보완 – 수탁 기관의 전문성, 공신력 등도 확인 필요 * 심사전문인력 : 금융기관 등에서 부동산 PF 관련 업무 수행자 * 건설전문인력 :건축기사, 건축시공기사, 건축사 등 자격증을 보유하거나, 건설사, 설계사, 감리사 등에서 건설업무 수행자 * 감정평가법인, 법무법인, 신탁회사, 설계사, 건설사업관리회사 등	
	공시	·상기 내용을 투명하게 공시하고 있는지 확인 ·사업의 진행상황을 점검 · 공시하는지 확인 * 공사현장 사진, CCTV, live방송 등 활용	
	규제준수	·연계대부업체가 금융위 등록업체인지 확인 ·가이드라인 준수 업체인지 확인	

제2366차 단국대 인근 로시니힐즈 주상복합 신축사업 43차 1순위

45% ● 모집중

2억7,220만원 /6억원

100만원 투자시 예상수익(세전)은
총 114,770원입니다.

₩   만원

10만   100만   500만   투자하기

11.8%   12개월   A3   69%
예상 수익률(연)   예상 투자기간   테라펀딩 평가등급   LTV

PF를 위한 징검다리,
브릿지론

> "투자의 제1원칙: 절대 돈을 잃지 말아야 한다.
> 투자의 제2원칙: 제1원칙을 절대 잊지 말아야 한다."
> – 워런 버핏

금감원 위험도 평가 등급: 1위, 3위 비회원사 부동산 PF상품, 회원사 부동산 PF상품

금융권에서 PF 대출을 조달할 수 있도록 다리_{Bridge} 역할을 하는 대출_{Loan} 을 '브릿지론'이라고 합니다. 금융권의 강화된 PF 대출 심사를 통과할 수 있도록 다리를 놓아주는 자금입니다. 짧은 기간 동안 시행사가 땅을 사고 회사를 운영할 자금을 빌려주는 투자 상품입니다. 빌라 PF보다는 규모가 큰 근린생활시설이나 오피스텔 등 수백억원대 사업장에서 필요한 대출입니다. 대형 금융기관이 주관하는 PF에 P2P회사가 중간다리 역할로 끼는 형태로 구성됩니다. 건축 사업 초기 비용은 기존 금융권에서 취급하지 않습니다. 담보로 잡을 땅도 소유하지 않은 건축주가 태반인데다, 대개 신용도가 낮기 때문입니다.

역으로 PF 대출을 하려는 금융기관이 "사업성이 좋은 프로젝트인데,

P2P투자란 무엇인가

우리 회사 내부 인허가 기준을 맞추려면 브릿지 자금이 필요하다"며 P2P 회사를 찾는 경우도 있습니다. 브릿지론 실행 이후 금융회사에서 PF 대출 승인이 나면 PF 대출금으로 브릿지론을 상환하는 형태로 상품이 구성됩니다. 대개 브릿지론은 PF대출보다 금리가 높기 때문에, 건축주 입장에서 금리가 높은 브릿지론을 얼른 갚아야 비용을 줄일 수 있기 때문입니다.

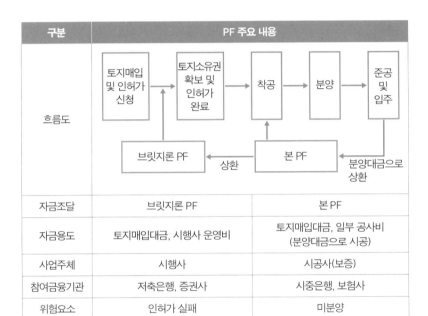

———————• 부동산개발사업의 PF 사업 흐름도 정리[20] •———————

구분	PF 주요 내용	
흐름도	토지매입 및 인허가 신청 → 토지소유권 확보 및 인허가 완료 → 착공 → 분양 → 준공 및 입주 브릿지론 PF ← 상환 ← 본 PF 분양대금으로 상환	
자금조달	브릿지론 PF	본 PF
자금용도	토지매입대금, 시행사 운영비	토지매입대금, 일부 공사비 (분양대금으로 시공)
사업주체	시행사	시공사(보증)
참여금융기관	저축은행, 증권사	시중은행, 보험사
위험요소	인허가 실패	미분양

---

20) 2011. 12. 건국대학교 부동산·도시연구원, '부동산개발금융제도 개선방안 연구'

브릿지론 투자 시 꼭 살필 2가지

기본적으로 브릿지론은 부동산 건축자금 대출의 한 영역이기 때문에, 앞 장에서 언급한 부동산 PF 상품에서 따져봐야 할 요소들을 기본적으로 익혀야 아래 내용을 이해하기 편합니다. PF에서 살펴야 할 것 외에 추가로 브릿지론만의 특성 때문에 따져봐야 할 것들을 나열해보겠습니다.

본 PF 실행 가능성

브릿지론에 투자할 때 가장 중요하게 살펴야 할 부분이 본 PF 실행 가능성입니다. 금융기관에서 본 PF 승인이 나지 않으면 브릿지론의 상환 재원이 사라집니다. 금융기관은 이 부동산 개발 사업이 사업성이 있다고 판단하면 'PF를 집행할 의사가 있다'는 '투자의향서LOI'를 발급합니다. LOI는 법적인 효력이 있는 계약서는 아니지만 LOI가 있다면 본 PF가 깨질 리스크가 낮습니다. 단 금융권의 LOI가 대출승인을 담보하는 것은 아닙니다.

참고로 '투자의향서 LOI'와는 달리 투자 확약서LOC 라는 게 별도로 존재합니다. LOC는 '확약'의 단계로서 LOI와는 달리 높은 법적 구속력을 가지므로 LOC가 발급돼있다면 LOI와는 다르게 훨씬 더 PF 진행가능성이 높다고 보면 됩니다. 그러나 금융기관에서는 웬만해서는 본인들에게 구속이 되는 LOC는 발급하려고 하지 않습니다.

브릿지론은 개발 사업 진행의 기초인 토지 확보와 사업 인허가가 종료되지 않은 시점에서 실시된다는 점에서 위험도가 높습니다. 브릿지론의 상환 재원은 오로지 본 PF 대출금뿐이기 때문입니다. 인허가 지연이나 토지매입비·공사비 등 사업비상승, 분양여건 악화 등 사업성이 떨어지면 본

PF 대출이 거부될 수도 있습니다.

경매 및 공매 시 회수 가능성

브릿지 대출에 대한 본 PF의 진행이 어려울 경우 최종 출구 전략은 토지를 경매나 공매로 넘겨 대출금을 회수하는 것입니다. 하지만 대출액을 능가하는 금액에 낙찰이 될지 장담하기 어렵습니다. 사업 인허가 등 여건이 안돼 본 PF를 진행할 수 없는 토지를 경매에 넘기는 것이기 때문에, 사업성이 떨어진다는 의미로 시장에서 받아들일 수 있습니다. 경매에서 흥행에 실패할 확률도 있단 의미입니다. 인근의 유사 토지의 낙찰률 등을 참고할 수는 있을 것입니다.

부동산 PF의 자식,
ABL

"나는 열한 살에 처음 투자를 시작했다.
그때까지는 인생을 낭비하고 있었던 셈이다."
– 워런 버핏

금감원 위험도 평가 등급: 1위, 3위 비회원사 부동산 PF 상품, 회원사 부동산 PF 상품

부동산 ABL Asset Backed Loan 은 부동산 PF대출에서 파생된 투자 상품입니다. 쉽게 말해 공사가 진행되고 있는 사업장의 개발업자시행사가 "내가 몇 개월 후에 공사를 끝내면 받을 돈이 있는데, 그걸 담보로 하고 지금당장 돈 좀 빌려다오. 돈 들어오면 바로 갚을게"라고 요청하는 것입니다. P2P에서 금리는 10% 후반으로 다소 높은 편인데, 그만큼 리스크도 높습니다.

자산 유동화란?

PF 대출금이 공사 진행률에 따라 지급된다고 말씀드렸습니다. 그런데

건축주^{시행사} 입장에서 봤을 때는 공사가 끝날 때 까지 기다려야 하니, PF 대출금은 '있어도 쓰지 못하는 묶인 돈'인 셈입니다. 미래에 받을 돈이기 는 한데, 지금 내 손에는 없는 그런 존재입니다. 그런데 이 건축주가 공사 진행 도중에 입지가 몹시 좋은 다른 토지를 발견했다면 어떻게 해야 할까 요? 다음 사업장으로 완벽한 부지인데, 다른 사람에게 빼앗길까봐 조마조 마해서 지금 당장 사고 싶은데, 돈이 없다면요?

여기서 '유동화'의 개념을 이용할 수 있습니다. 자산 유동화란 당장 처 분하기 어렵거나 미래에 발생할 현금 흐름을 당장 현금화하는 활동입니 다. ABL의 쉬운 예로는 은행의 예금담보대출과 보험사의 약관대출이 있 습니다. 정기 예금이나 보험을 들면 만기가 돼야만 목돈을 출금할 수 있 는데요, 그런데 지금 당장 쓸 현금이 필요하다면 어떻게 할까요. 예금과 보험을 해약할 필요 없이, 묶어둔 목돈을 담보로 예금담보대출과 약관대 출을 받으면 됩니다. 만기까지 기다리지 않고 지금 바로 대출로 현금화하 는 이 작업이 '유동화'입니다. 앞으로 발생할 현금 흐름^{예금 만기}을 담보로 대출을 해주는 겁니다.

심화과정 그 어떤 자산도 유동화할 수 있다

부동산뿐 아니라 카드 매출, 자동차, 각종 채권 등 가치를 평가할 수 있 는 그 어떤 자산^{Asset}도 유동화할 수 있습니다. 은행, 증권사, 저축은행 등 기관투자자들은 ABL투자로 많은 수익을 올리고 있습니다.

자산유동화 필수 조건: '절연'

연을 끊다. '절연'. 절연은 ABL의 전제 조건입니다. 절연은 차입자의 리스크로부터 담보로 설정한 자산을 지키기 위한 절차입니다. 담보자산과 차입자의 관계를 끊는 거죠. 나중에 지급받을 공사대금이나 분양대금 등 미래에 들어올 돈을 투자금 상환 재원으로 보호할 수 있도록 하는 절차입니다.

절연을 안 하면요?

절연 절차를 거치지 않으면 권리 관계가 복잡하게 얽히게 됩니다. 만약 건축주가 여러 곳에서 대출을 받았을 경우, 담보를 처분하게 되면 채권자끼리 권리를 주장하면서 난장판이 될 겁니다. 드라마에서 빚쟁이들이 부도난 집에 와서 서로 빨간 압류 딱지를 붙이려고 하는 모습이 나타날 수 있습니다. '절연'을 거치지 않으면 이렇게 다른 채무자들과 피곤한 싸움을 하게 될 수도 있습니다. 서로 자기 것이라며 다투다 보면, 담보를 제대로 처분조차 할 수 없고, 투자금 회수에 오랜 시간이 걸릴 수도 있습니다.

절연에는 다양한 방법이 있습니다. 담보 자산을 SPC Special Purpose Company, 특수목적법인에 양도하고, 이 SPC에 P2P투자금을 지급하는 방식도 있습니다. 이렇게 하면 담보자산은 법적으로 대출자와 연이 끊어지므로, 대출자에게 채권자가 아무리 많더라도 이 담보물에 대한 나의 권리는 보호받을 수 있습니다.[21] 이 외에도 신탁을 통해 권리관계 절연을 하는 방

---

21) 비욘드펀드, 2017. 06., 'ABL(자산유동화대출)의 이해', https://brunch.co.kr/@beyondplatform/13

P2P투자란 무엇인가

법도 있습니다. 채권 양도나 질권 설정 등을 통해 차입자를 거치치 않고 신탁사로부터 바로 대출금을 회수할 수 있도록 하는 방식입니다.

과거에는 저축은행들이 시공사가 받는 공사대금이나 시행사가 받는 분양대금을 담보로 ABL을 취급했습니다. 그런데 금융당국의 부동산 PF 규제 강화로 ABL이 PF대출 비율 규제에 포함되면서, 저축은행은 ABL을 취급하기 어려워졌습니다. 규모가 큰 ABL은 증권사나 캐피털사가 다룹니다. 프로젝트의 사업성을 심사하는 비용을 제외하고도 수익을 내려면, 규모가 일정 수준은 넘어야 하기 때문입니다. P2P회사로 넘어오는 ABL은 주로 규모가 작아 기존 금융권에서는 처리하지 않는 물건인 경우가 많습니다.

ABL은 신탁수익권담보 대출이라고 부르기도 합니다. P2P회사가 원리금 회수를 할 때 시공사, 시행사가 아닌 신탁사로부터 돈을 수령하기 때문입니다. '신탁사'로부터 '수익'을 받을 권리라 하여 '신탁수익권'이라고 부르는 것입니다. 차입자인 시행사나 시공사를 거치지 않습니다. 차입자가 돈을 갚지 않고 중간에서 먹어버리는 리스크를 방지하는 구조입니다.

ABL은 투자금 상환 재원에 따라 분양대금 ABL과 공사대금 ABL 등 2가지로 분류할 수 있습니다. 분양대금이란 시행사가 수분양자들에게 건축물을 분양하고 그 대가로 얻는 수익입니다. 분양대금 ABL은 부동산 프로젝트를 진행하는 시행사의 분양대금 수익권을 상환 재원으로 대출을 집행하는 상품입니다. 시행사가 받기로 예정된 계약금, 중도금, 잔금 등의 분양대금을 상환 재원으로 합니다.

공사대금 ABL은 시공사가 건축을 해주고 그 대가로 받게 될 공사대금을 유동화한 상품입니다. 준공이 일정 수준 진행된 시공사의 공사대금 수익권을 상환 재원으로 대출을 집행하는 기법입니다. 공사대금이란 시공사가 건축물을 지어준 대가로 지급받는 자금이며, 자금의 출처는 금융기관에서 설정한 PF 대출금 및 수분양자들이 납부한 중도금^{중도금대출 포함}입니다. 시공사는 준공이 30% 정도 완료되면 계약된 공사비의 30%를, 60%가 완료되면 공사비의 60%를 받습니다. 공사가 60%까지 진행되기 전인 45% 정도일 때 공사비의 15%에 해당하는 자금을 유동화해 대출을 받았다고 가정해봅시다. 3개월 후 공사가 60%까지 진행되면 금융기관에서 추가로 전체의 15%에 해당하는 공사대금이 지급되는데, 이는 앞서 빌린 ABL 대출금 상환 재원으로 쓰입니다.

부동산 ABL 상품 투자 시 살필 것들

ABL상품도 부동산 PF 상품의 일종이니, 미래에 들어올 돈을 상환 재원으로 하는 상품입니다. 그러므로 이 ABL을 따져볼 때는 사업성이 충분한 개발 프로젝트에서 파생된 것인지 확인해야 합니다. 완공 여부도 정말 중요합니다. 일단 건물이 예정대로 지어져야 분양대금이든, 공사대금이든 생기니까요. 건물이 완공 안 되면 말짱 꽝입니다. 이제 종류별 ABL의 리스크를 살펴보겠습니다.

분양대금ABL—부동산 개발 프로젝트의 사업성

분양대금ABL 상품은 분양대금을 1차 상환 재원으로 하는 상품이므로 분양 대금이 계획대로 들어오지 않을 경우 P2P대출금 상환에 차질을 빚

P2P투자란 무엇인가

습니다. 분양대금 ABL은 분양이 성공적으로 이뤄지고, 수분양자들이 정상적으로 잔금을 치르고 입주를 시작해야 상환 재원을 확보할 수 있습니다. 인근 부동산의 시세와 비교한 분양가의 적정성, 분양 흥행 여부가 관건입니다.

부동산 시장이 급격히 얼어붙어 시세가 폭락하면, 대규모 분양 취소 사태가 발생할 수 있습니다. 이렇게 되면 P2P대출금 상환이 어려울 수 있습니다. 수분양자들이 계약금을 돌려받는 것을 포기하고 집을 사지 않을 수 있기 때문입니다. 분양 취소로 수분양자들이 잔금을 치르지 않으면 P2P대출금 상환 재원인 분양대금을 확보하지 못합니다.

단 이때 분양 취소분을 공매에 붙여 대출 원리금을 회수할 수도 있지만 부동산 경기가 매우 악화되면 성공 가능성을 장담할 수 없습니다. 가령 현재 분양률을 기준으로 600억원이 예정 분양 매출이라고 가정해보겠습니다. 시행사가 400억원을 PF 대주단에 빌렸고, 50억원을 추가로 P2P회사에 빌렸는데 분양 취소가 일어나면 어찌될까요? 분양이 일부 취소돼 분양매출이 450억원까지 줄어도 투자금 상환이 가능은 합니다. 하지만 분양 취소가 대거 발생해 매출이 410억원으로 줄어든다면, 선순위 채권자인 PF대주단은 400억원을 고스란히 돌려받지만, P2P회사는 50억원 중 10억원밖에 못 돌려받습니다. 미분양분을 경매에 넘기면 일부 추가 상환을 받을 수 있겠으나, 대부분의 경우 분양가보다 더 낮은 금액으로 팔리기 때문에 투자금보다 손해를 볼 가능성이 높습니다.

시행사 도산

분양대금 ABL의 대출자인 시행사가 파산하는 것은 ABL의 가장 큰 리스크 중 하나입니다. 이때 수익권에 담보 설정이 돼 있다면 대출금을 다른 자금보다 우선 회수할 수는 있습니다. 다만 절차가 복잡해서 예정된 투자 기간을 훌쩍 넘길 수 있습니다.

이 경우 정상적인 P2P회사는 영세한 시행사와 연대 책임을 물을 수 있도록, 시공사에 대한 연대보증을 걸어 안전 장치를 마련하기도 합니다. 또는 담보로 잡은 수익권에 대한 권리를 행사해 처분합니다.

공사대금ABL−시공사의 재무 건전성, 미준공 리스크

공사대금ABL 상품에서 무엇보다 중요한 것은 시공사의 재무건전성입니다. 즉, 튼튼한 시공사인지 확인하고 투자를 결정하셔야 합니다. 시공사의 재무상태와 손익계산을 확인해보십시오. 부채비율이 지나치게 높은 곳은 지양할 것을 권합니다. 당기순이익과 영업이익도 참고하면 좋습니다.

공사대금ABL은 원칙적으로는 미분양 리스크에서는 자유로운 상품입니다. 시공사가 건축 사업장에서 용역을 제공하고 받는 돈을 저당잡은 후 대출이 나가기 때문입니다. 다만 미분양 리스크 대신 준공 리스크가 어마어마하게 있습니다. 준공을 책임지는 시공사가 약속된 공사를 집행하지 않은 채 파산해버리면, 공정률에 따라 지급받는 공사 대금도 지급되지 않기 때문입니다.

60%까지 준공하면 P2P투자금에 대한 상환 재원인 공사비를 지급받도

록 구조화한 ABL이 있다고 가정해봅시다. 40%쯤 준공했는데 시공사가 도산해버리면, 공사를 더 진행해줄 주체가 사라져 상환 재원도 마련되지 않습니다. 물론 다른 시공사를 선정해 멈춘 공사를 이어가는 방법도 있지만, 제반 과정에 많은 시간이 걸리고, 그만큼 P2P투자금의 상환에도 오랜 시간 연체가 발생하게 됩니다. P2P대출을 이용하는 시공사는 기존 금융기관에서 대출을 받을 수 있는 회사들보다 영세합니다. 따라서 도산할 확률이 더 높습니다. 공사대금 ABL은 위험도가 상당히 높은 상품입니다.

──────● 부동산 ABL 상품 투자화면 예시 ●──────

은행보다 좀 더 빌려주는
부동산 후순위 담보대출

"성공이란 결과로 측정할 것이 아니라,
목표를 위해 들인 노력의 총계로 측정해야 한다."
– 토머스 에디슨

부동산 주로 아파트 P2P대출 상품 중 가장 이해하기 쉽고 친숙한 상품이라고 생각합니다. 단어를 하나하나 나눠서 보면 그 이유를 알 수 있습니다. 우선 '후순위' 대출이라는 것은 앞에 '선순위'로 나간 대출에 추가로 대출을 해준다는 의미입니다. 은행에서 LTV 한도를 꽉 채워서 대출을 받았는데 추가로 자금이 필요한 경우가 있다면? 못 다 빌린 자금을 다른 금융기관을 통해 조달하는데, 이는 '후순위 대출'이 됩니다. '아파트 담보'라는 것은 말 그대로 대출의 담보가 아파트라는 의미입니다. 은행에서 아파트를 담보로 돈을 빌리는 주택담보대출처럼, P2P회사 버전의 주담대입니다.

앞서 설명했던 부동산 PF 대출 투자 상품과 가장 큰 차이점이 여기에 있습니다. 건물이 완공된 후 미래의 가치를 기대하는 PF 대출 투자와 달리 아파트 후순위 담보 대출은 이미 완공된 건물을 담보로 잡습니다. 실제로 누군가가 살고 있는 아파트가 부동산 후순위 담보대출의 담보입니다. 상대적으로 PF 대출 투자 상품에 비해 리스크가 낮고, 리스크가 낮다 보니 금리도 낮습니다.

아파트는 바로 처분하기 쉬운 담보에 속합니다. 즉, 환금성이 좋아 만약 채무자가 돈을 갚지 못해도 경매를 통해 팔아서 투자금을 회수할 가능성이 다른 담보에 비해 높습니다. 아파트는 경매에 넘기면 낙찰률이 높고, 낙찰 가격도 높게 책정되므로 P2P투자금 손실의 위험이 크게 줄어듭니다. 단, 일반적으로 경매접수일부터 평균 낙찰기일까지 10개월 정도가 걸리고 배당금 상환까지 1년 정도로 오래 걸립니다.

왜 P2P대출에서 주담대를?

현재 우리나라 금융시장에서는 가계부채 종합대책으로 인해 주담대 수요를 기존 금융권에서 전부 조달할 수 없습니다. 가령, 지금 투기과열지구에 10억원짜리 아파트를 소유하고 있는 김항주 씨가 사업자금으로 쓰기 위해 4억 5000만원의 대출을 받아야 하는 상황이라고 가정해보겠습니다. 은행권의 주택담보인정비율LTV은 현재 40%가 한도이므로, 항주 씨는 은행에서 4억원까지만 대출을 받을 수 있습니다. 나머지 5000만원은 어떻게 마련해야 할까요? 발등에 불이 떨어진 항주 씨는 급한 마음에 제2금융권과 대부업체로 향합니다. 연 20% 이상의 높은 금리를 부담해야 하지만, 그럼에도 지금 당장 돈이 필요하기 때문입니다.

또 은행 주담대는 나오려면 4~7 영업일 정도 시간이 필요합니다. 갑자기 급한 사정이 생기면, 제아무리 아파트 소유자라도 빠르게 1금융권 대출을 이용하기는 어렵습니다. 단기대출을 받는 경우에도 마찬가지입니다. 가령 딱 일주일만 쓰고 갚을 수 있는 돈이 필요한데, 은행권에서 대출을 받고 만기가 끝나기 전에 상환하면 중도상환수수료가 발생합니다. 하지만 P2P회사는 중도상환수수료를 부과하지 않습니다. 그 외에도 가압류, 압류, 경매 등으로 아파트에 등기상 하자가 생겨도 1금융권에서 대출을 받기 어렵습니다. 이 경우 부동산 소유자가 대부업체에서 대출을 받아 경매를 취하해 등기를 정리하고, 금융권에서 다시 대출을 받아 대부업체에 변제하는 것이 일반적인 방법이었으나, 지금은 P2P회사를 찾습니다.

아파트 후순위 담보 대출 투자 상품은 개인들이 보유한 아파트를 담보로 받은 주담대이기 때문에 사업자 대상 대출인 부동산 PF 대출과 달리 상환 재원을 명시하지 않습니다. 개인이 알아서 상환하는 거죠. 대출 목적도 다양합니다. 사업체를 운영하는 사장님들은 사업자금을 융통하기도 하고, 개인들은 임대료 납부, 의료비 지출, 생활비 등 다양한 목적으로 빌립니다.

부동산 담보대출 투자 시 살펴볼 3가지

부동산등기부상 권리관계

모든 부동산 투자에 있어서 기본은 부동산등기부를 살펴보는 것입니다. 부동산등기부는 부동산의 '족보' 같은 개념으로 이 서류를 통해서 소유권, 저당권, 전세권, 가압류 등 권리설정 여부를 알 수 있습니다. 후순위 대출 투자 시에는 특히 선순위 채무의 설정 금액을 살펴봐야 합니다. 선순위 채무 설정 금액이 담보의 가치에서 차지하는 비중이 지나치게 크면 후순위 채권자인 P2P투자자는 상품 부실 시 손해를 볼 수도 있습니다. 연체가 오래되서 아파트를 경매에 넘겨 현금화를 했는데, 선순위 채권자가 다 가져가버리고 남는 돈이 얼마 없으면 불상사가 생깁니다. 또 가압류나 압류 등 권리관계가 너무 복잡한 경우에도 투자를 재고하실 것을 추천드립니다.

실거래가와 LTV

아파트는 다른 부동산에 비해 일반인들이 손쉽게 상품설명을 검증할 수 있다는 장점이 있습니다. KB부동산 시세, 국토교통부의 실거래가 등 인터넷으로 부동산 시세를 손쉽게 조회해볼 수 있기 때문입니다. P2P회사에서 제시하는 실거래가와, 직접 알아본 해당 아파트의 시세를 비교해 보는 것도 소소한 재미입니다.

이렇게 실거래가가 제대로 책정됐는지 본 후엔 주택담보대출비율LTV을 따져보십시오. LTV는 낮을수록 좋습니다. LTV는 부동산 가격 대비 총 대출금의 비중입니다. LTV가 90% 이상이라면 추천하고 싶지 않습니다. 10억원짜리 아파트를 담보로 P2P회사에서 5000만원을 빌려주는 상품으로 예를 들어보겠습니다. 이 아파트에 기본에 빌린 돈이 5억원 있는 투자 상품 A LTV 50% 가 대출금 8억원 짜리 상품 B LTV 80% 보다 안정적입니다. P2P투자는 이런 선순위 채무가 있는 회사에 돈을 추가로 빌려주는 후순위 대주니까요. 채무자가 대출을 갚지 못해 아파트가 경매에 넘어갈 경우, 경매에서 아파트가 7억원에 낙찰되면 A상품 투자자들은 대출금을 회수할 수 있으나 B상품 투자자는 손실을 봅니다.

심화과정 후순위 부동산 담보 대출 상품이 주력인 투게더펀딩에 물었다,
'LTV와 경매'

"우리는 LTV 80% 이내의 물건만 취급해요. 만약 부실이 나서 경매로 물건이 넘어갈 경우를 대비하는 거죠. 경매 낙찰 가격이 담보 가치의 80% 밑으로는 잘 떨어지지 않아서 그렇습니다. 10억원짜리 담보 가치가 있는 아파트가 경매로 나가게 되면 적어도 낙찰 가격이 8억원 정도는 된다는 얘기죠. 최근에 경매에서는 아파트 낙찰 가격이 실거래가의 90~100% 수준까지 올라왔어요.

이는 땅이나 공장은 투자를 목적으로 낙찰을 받으려고 하는 사람들이 많은데, 아파트는 투자 목적보다는 실수요자가 많이 유입돼서 그래요. 투자 목적의 경매 참여자들은 수익을 많이 내려고 낙찰가를 낮게 받아 비싸게 팔고자 하는 목표가 뚜렷해요. 그런데 아파트 경매 참여자들의 주류를 이루는 실수요자들은 실거래가보다 약간만 저렴해도 바로 낙찰을 받겠다고 나서거든요."

부동산등기부에 안 나타나는 국세, 지방세

담보물 소유자의 국세·지방세 체납은 부동산 등기부등본에 나타나지 않는 권리 관계입니다. 이 권리들은 등기부등본상 설정이 안 돼 있어도 담보 처분 시에 근저당권이 발생합니다.

국세와 지방세 체납 여부를 따져보라는 이유는, 경매를 통해 담보가 팔려 돈이 생기면 국세를 가장 먼저 징수해가기 때문입니다. 국세기본법 제35조는 국세에 대해서는 다른 채권에 우선하여 징수한다는 '국세우선의 원칙'을 규정합니다. 국세 납부 기간 1년 전에 전세권이나 질권, 저당권이 설정된 경우라면 국세가 우선은 아니기는 하죠.

P2P회사 고객센터에 "이 담보 소유자가 국세나 지방세를 미납하지는 않았는지, 해당 아파트에 세입자 살고 있는지"를 질문해서 확인해보세요. 이런 질문을 했는데 업체가 제대로 답변을 하지 못한다면 전문성이 현저히 떨어지는 업체이니, 투자를 삼가야 합니다. 또 협의 분할 상속, 증여에 대한 제척기간은 10년이니, 10년간 관련 분쟁이 있었는지 봐야 합니다. 제척기간은 법적으로 정해진 권리의 행사 가능 기간이라는 뜻인데, 이 기간이 끝나면 권리가 소멸됩니다. 가령 한 아파트를 두고 5년 전에 있었던 상속 문제 때문에 갑자기 형제끼리 분쟁이 발생하면, 채무자가 돈을 안 갚을 때 담보물 처분이 매우 곤란해집니다.

아파트 후순위 담보대출 투자 상품은 비교적 부동산 PF 대출 투자 상품 보다는 이해하기 쉬우시죠? 리스크도 좀 더 이해하기 쉬우실 겁니다. 아파트 후순위 담보대출 투자 상품의 리스크는 담보로 잡은 아파트의 가격이 급락해 담보 가치가 떨어지는 것입니다. 부동산 PF대출 투자에 있는 준공이나 분양 리스크가 이 유형의 상품엔 없습니다. 이미 완공돼 자산

가치가 있는 부동산을 담보로 하기 때문입니다.

차주의 정보^{직업}도 중요합니다. 등기되지 않은 선순위 권리 중에는 근로자들의 급여와 퇴직금이 있는데, 차주가 근로소득자일 땐 경매 배당 순위 중에 1~3순위 금액이 적어 상관없지만, 차주가 사업자면 얘기가 달라집니다. '사업자금' 용도로 빌렸다는 문구가 있는지 살펴보세요.

만약 차주가 사업체를 운영하는데 근로자들에게 급여를 밀렸다면, 만약 부동산을 경매로 처분해도 P2P투자금보다 이 '밀린 급여'가 우선 변제 순위입니다. 근로자가 조항에 따라 우선 변제 받을 수 있는 금액은 지급 받지 못한 최종 3개월치 급여, 지급 받지 못한 최종 3년치 퇴직금, 재해 보상금 등 세 가지입니다.

심화과정 투게더펀딩에 물었다, 리스크

"최근 들어 시세가 비정상적으로 급등한 지역의 아파트가 담보 물건이라면, 투자를 좀 신중하게 고려해야 합니다. 비정상적으로 시세가 폭등한 지역은 반대로 생각하면 어느 날 갑자기 가격이 폭락할 가능성이 있거든요. 참고로 1997년 외환위기 때는 주택의 가치가 갑자기 약 17%씩 떨어졌어요."

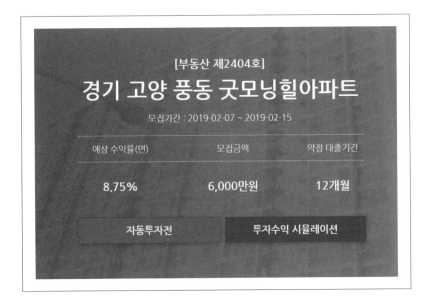

투자 수단이 된 부실 채권,
NPL

"다른 사람이 불평불만을 늘어놓을 때가
당신에게는 기회다."
– 마윈

부실채권NPL, Non Performing Loan 은 은행 등 금융회사에서 개인이나 법인에게 부동산 등을 담보로 내준 대출 가운데 채무자가 원리금을 90일 이상 갚지 못한 채권입니다. 금융사는 자산건전성 관리를 위해 보유한 NPL을 전문 기관주로 2금융권, 대부업체에 실제 가치보다 할인해서 매각합니다.

이름부터 '부실'이란 단어가 들어 있는 NPL이 과연 안전할지 의심스러우실 수 있습니다. 하지만 NPL 투자의 핵심은 담보로 잡힌 부동산입니다.[22] NPL매입업체들은 잠시 허약해진 부동산을 할인된 가격에 사서 수익을 내는 것이 목적입니다. NPL 투자는 부실채권에 딸린 담보가 우량해

---

22) NPL투자에는 법원 배당금담보상품, NPL질권담보대출 상품 등 다양한 종류의 투자법이 있고 이를 세분화할 수 있지만, 복잡하고 전문적인 내용이므로 이 책에서는 설명을 생략하고 일반적인 P2P투자자들에게 필요한 수준만 설명하고 넘어갑니다.

야만 수익을 낼 수 있습니다. 가령, 서울 시내 아파트처럼 우량한 부동산이 담보라면 경매로 처분해도 실거래가의 90% 수준에 달하는 높은 가격에 낙찰될 가능성이 높습니다.

NPL 투자의 원리

P2P회사는 투자금을 모집해 NPL 전문 매입회사에 빌려줍니다. NPL 매입사는 이 돈을 부실채권을 사는 데 씁니다. 이 기관은 P2P회사에서 빌린 자금으로 부실채권을 매입한 뒤, 부실채권의 담보물인 부동산을 경매로 넘기거나, 경매에 직접 참여해서 낙찰을 받은 뒤 투자금을 회수합니다.

P2P회사를 통한 NPL 투자가 활성화된 이유는 지난 2016년 7월 대부업법이 개정돼 개인 투자자의 NPL 직접 투자가 금지됐기 때문입니다. 법 개정 전엔 개인 투자자들도 NPL의 부동산 담보를 매입해 경매로 넘기거나, 직접 경매에 참여해 낙찰을 받고 매각해 수익을 남길 수 있었습니다. 하지만 위험 평가 능력이 부족한 개인투자자들이 NPL 투자로 피해를 겪으면서 금융 당국은 이를 제한했습니다.

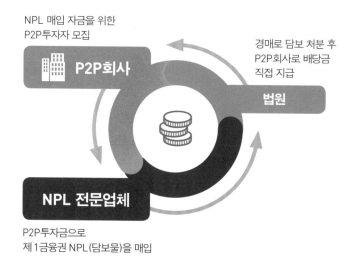

NPL 매입 자금을 위한
P2P투자자 모집

P2P회사

경매로 담보 처분 후
P2P회사로 배당금
직접 지급

법원

NPL 전문업체

P2P투자금으로
제1금융권 NPL(담보물)을 매입

NPL 상품 투자 시 살펴봐야 할 2가지

담보가 우량한지 – 예상 경매 낙찰가, 환금성

NPL 투자는 담보로 잡은 부동산이 우량한지가 가장 중요합니다. 담보가 경매로 넘어갔을 때의 예상 낙찰 가격을 살펴봐야 합니다. 낙찰가가 투자 원금보다도 낮으면, 원리금을 돌려받을 수 없습니다. 해당 부동산이 위치한 동네의 비슷한 건물이 어느 정도 가격에 팔렸는지 확인하세요. 해당 상품을 판매하는 P2P회사에 물어보거나, 해당 부동산 근처의 공인중개사에게 전화해 확인해봅시다. 아파트의 경우 수요가 많고 일반인들도 인터넷으로 손쉽게 시세를 확인할 수 있습니다. 경매가가 시세의 80% 밑으로 떨어지는 경우가 거의 없다고 합니다.

부동산 권리 관계

투자 상품에 대한 권리분석이 완벽히 이뤄지지 않는다면 투자금 회수 기간이 지연 및 연체되는 상황에 놓일 수 있습니다. NPL상품 투자 시에도 앞서 부동산 후순위 담보 대출을 설명한 장에서와 마찬가지로 부동산 등기부에 안 나타나는 국세, 지방세 등 각종 권리 관계가 중요합니다.

심화과정 P2P투자자 카페 '피자모'의 칼럼 필진 '련애'의 조언

이 글은 피자모 카페의 '련애' 회원의 동의를 구해 실은 내용입니다.

✂ 아파트 등 부동산 담보 대출 연체 부실시 경매 배당 순위 ✂

1순위

* 경매집행비용 - 경매신청 채권자가 경매를 진행하기 위해 법원에 지불한 비용을 말함

* 필요비 - 해당경매부동산물건에 지출한 필요비 부동산 유지보수에 필요한 비용

* 유익비 - 부동산의 가치증가에 기여한 비용를 말함

2순위

* 소액임차인의 최우선변제금액

* 재해보상금

* 최종 3개월분의 임금채권 3년치 퇴직금 _{단, 배당기일종료일까지의 임금을 뜻함}

예) 배당기일 종료일 이후 임금이나 배당기일 종료일까지 근로계약을 유지하고 있는 근로자는 퇴직금이 발생하지 아니하기 때문에 퇴직금은 후순위가 됨

★ 선순위 개념 없음. 동일순위 배당액이 모자랄 경우 안분배당_{비율배당}을 하게 됨

3순위

* 당해세 : 당해세란 당해 부동산에 부과된 국세나 지방세를 말함
_{상속세, 증여세, 재산세, 자동차세, 종합부동산세 등}

4순위 ★★★

* 우선변제권: 저당권, 담보가등기, 배당요구한전세권, 배당요구한 확정일자부 임차인

* 당해세 이외의 조세채권_{국세, 지방세}. 등기부에 접수된 날이 아닌 법정기일 혹은 과세기일이 배당순위. 그 외 나머지는 등기부에 접수된 날 순위

P2P투자자는 4순위 채권자이므로, 4순위 이후는 신경 쓰지 않아도 됩니다.

P2P투자란 무엇인가

5순위

＊최종 3개월분의 임금을 제외한 일반임금채권

6순위

＊국민연금, 의료보험, 전기세, 수도세, 공과금

7순위

＊일반채권, 과태료, 국유재산법상의 사용료, 대부료, 변상금채권

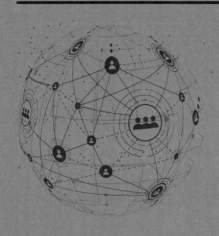

PART 4

개인신용/사업자/
전자어음 P2P투자

개인신용대출 P2P란
무엇인가?

"좋은 실적을 올리기 위해서는 많은 연구와 노력이 필요하고,
이는 대부분의 사람들이 생각하는 것보다 훨씬 더 어렵다."
– 존 템플턴

P2P투자에는 부동산 관련 상품만 있는 게 아닙니다. 이번 장부터는 부동산을 넘어 개인신용, 사업자 대출, 전자어음담보 대출 등 '이런 것도 P2P대출이 가능하단 말야?' 생각이 드는 분야별 P2P투자 상품을 소개합니다. 부동산 금융에 대한 지식이 필요한 부동산 PF대출에 비해 조금 더 말랑말랑한 기분으로 읽고 지나갈 수 있으실 겁니다.

개인에게 빌려주는 개인신용대출

금감원 위험도 평가 등급: 5등급 100개 이상의 개인신용대출채권 포트폴리오으로 가장 낮음

개인신용대출 P2P투자 상품은 말 그대로 개인에게 돈을 빌려주는 투

자 상품입니다. P2P회사는 직장인, 학생 등 다양한 신상의 대출자들을 심사하고, 자격 요건을 통과하면 이 채권을 투자 상품으로 구성해 회사 홈페이지에 홍보합니다. 돈을 빌리는 목적, 자금상황, 소득, 신용정보, 연체 경험 등이 공개되고 투자자는 이를 토대로 투자 여부를 결정하면 됩니다. 어쩌면 개인간 대출 거래라는 P2P대출의 본 의미에 가장 가까운 투자 상품이라고도 할 수 있겠습니다.

　개인신용대출은 소액으로 잘게 쪼개서 여러 개의 대출채권에 투자할 수 있도록 만들어진 포트폴리오 상품이 투자하기 편리합니다. 포트폴리오 상품은 1명에게 1000만원을 투자하는 것이 아니라, 100명에게 10만원씩 투자할 수 있도록 여러 대출채권에 소액으로 투자하도록 하는 투자 상품입니다. 여러 곳에 나눠서 분산투자하면 부실의 위험을 줄일 수 있어 한 개의 채권에 투자하는 것보다 안정적이라고 합니다.

왜 개인은 P2P대출을 이용하나

　국내 대출 시장에는 금리 사각지대가 있습니다. 연 3~6%대의 저금리로 은행, 즉 제 1금융권에서 대출을 받지 못하고 각종 조건이 안 맞아 밀려나면 연 20%대의 고금리를 부담해야만 돈을 빌릴 수 있습니다. P2P회사는 양극화된 대출 시장에서 소외된 사람들 중 일부를 내부의 신용평가모델로 심사해 대출을 승인해줍니다. P2P대출을 통하면 대출자는 연 10% 내외의 중금리로 대출을 받고, 돈을 빌려주는 투자자는 연 10% 내외의 수익률을 얻을 수 있게 됩니다.

　개인신용대출은 소수의 P2P회사만 취급하는 상품입니다. 대출의 규모가 큰 부동산 PF대출 상품은 P2P회사 입장에서 빠른 속도로 매출을 늘리기 좋아 많은 회사가 뛰어들고 있지만, 개인신용대출은 개별 채권당 규모가 작아 그런 이점은 상대적으로 덜하기 때문입니다. 부동산 PF는 한 건에 10억원을 웃도는데, 개인신용대출은 한 건에 100만원, 1000만원 등 규모가 훨씬 작습니다.

개인신용대출을 취급하는 P2P회사들은 나이스신용평가, 코리아크레딧뷰로KCB 와 같은 개인신용평가회사에서 대출 신청자의 금융데이터를 받고, 여기에 더해 P2P회사가 자체적으로 그외 데이터를 수집합니다. 이렇게 만든 P2P회사의 자체 신용 평가 모델을 통해 대출자의 신용 등급을 산출합니다.

개인신용대출 투자는 담보 없이 대출자의 상환 의지를 믿고 돈을 빌려주는 투자입니다. 만약 대출자가 오랜 기간 돈을 갚지 않는다면, P2P회사는 채권을 NPL 매입 전문회사에 매각합니다. 이렇게 채권을 매각하면 투자자가 돌려받을 수 있는 금액은 아직 상환되지 않은 원금 중 5~36%라고 합니다.

▶ **연습문제**

한 개인신용대출 전문 P2P회사의 화면으로 개인신용대출 포트폴리오 투자 상품을 살펴보겠습니다. 절세 추구형, 균형 투자형, 수익 추구형 등 3가지 포트폴리오로 구성할 수 있고, 리스크 감수 성향에 따라 예상 수익률이 달라집니다.

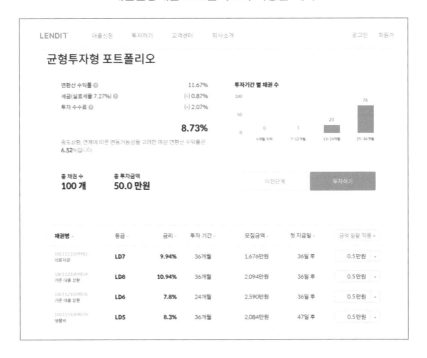

가령 예치금을 50만원 보유하고 있다면, 한 채권당 5000원씩 분산해 최대 100개의 채권에 투자할 수 있습니다. 특정 채권을 더 자세히 볼 수 있는 화면으로 들어가면 채무자에 대한 세부 정보도 조회해볼 수 있습니다. 차입자의 신용등급, 차입자의 자산과 부채현황, 최근 1년간 대출 연체 기록, 파산 또는 개인회생 등 채무불이행 기록, 소득과 직장에 대한 정보, 자금 상환계획 등이 나옵니다. 특정 대출자는 너무 신용등급이 낮다거나, 빌리려는 금액이 너무 커서 투자하기 찜찜하다 싶으면 해당 채권은 빼고 투자하면 됩니다. 혹은 이 대출자는 성실하게 대출금을 상환할 수 있겠다고 판단한다면 해당 채권에 더 많은 금액을 투자하는 방향으로 포트폴리오를 변경할 수 있습니다.

막간상식

총부채상환비율 DTI, Debt to Income

DTI는 벌어들이는 총소득에서 갚아야 할 부채의 연간 원리금 상환액이 차지하는 비율입니다. 담보물의 가치만으로 대출 한도를 잡는 주택담보대출비율LTV 과는 다른 개념입니다. DTI를 적용해 대출 한도를 심사할 경우 가지고 있는 담보의 가치가 높더라도 연간 소득이 충분치 않으면 대출을 받을 수 없습니다. 가령, 연간 5000만원을 버는 사람은 DTI가 40%라면, 총 부채에서 연간 원리금 상환액의 총합이 2000만원을 넘을 수 없습니다.

우리 동네 맛집에 투자하는
개인사업자 대출

"무엇보다 잘 아는 분야에 투자하라."
– 찰리 멍거

금감원 위험도 평가 등급 : 4등급 P2P협회 회원사의 중소기업제품 담보상품

서울맥주 ○○점, 킹콩부대찌개 ○○점, 다이소 ○○점, … 등 개인사업자 대출의 차입자는 동네 상점의 '사장님'들입니다. 자영업자가 가게를 운영하다가 자금이 필요해 대출을 받는 것입니다. 투자 수익률 차입자 대출 금리은 연 10% 내외입니다. 가게를 운영하다 보면 여러 가지 이유로 급전이 필요합니다. 내부 인테리어를 개선해야 할 때도 있고, 계절적 요인에 따라 원재료를 도매로 지금 당장 대량 구매해야 할 때도 있습니다. 또 잘 되는 가게는 2호점, 3호점을 추가로 내기 위한 확장 자금이 필요합니다.

하지만 개인사업자들은 기존 금융권에서 자금을 빌리기 쉽지 않습니다. 은행에도 자영업자를 대상으로 하는 대출이 있지만 실제로 자영업자에게 대출이 승인되는 일은 많지 않다고 합니다. 자영업자가 담보로 제시

P2P투자란 무엇인가

할 수 있는 매출채권이나 재고자산은 금융 기관에서는 담보로 인정받지 못 하기 때문입니다. 어찌됐건 사업 자금을 구해야 하는 자영업자들은 결국 저축은행이나 대부업체 등에서 연 20% 후반대의 고금리 대출을 이용해 왔습니다.

자영업자 P2P대출의 원리는 무엇인가

자영업자와 법인 대상 P2P대출을 취급하는 대표적인 P2P회사는 '펀다'입니다. 펀다는 사업장의 매출 기록을 기반으로 대출 적격 여부를 심사합니다. 금리는 연 10%대입니다. 펀다는 자영업자들의 통장과 상점 POS를 기반으로 해당 업장의 자금 흐름을 분석합니다. 펀다는 자영업자에게 대출을 해주는 조건으로, 대출 기간 동안 사업장에서 발생하는 BC카드 매출에서 펀다 대출 원리금을 먼저 돌려받는 계약을 맺습니다. 계약에 따라 BC카드는 매출을 상점이 아닌 펀다의 신탁계좌로 직접 송금합니다. 펀다가 차입자^{상점}보다 대출 원리금을 먼저 떼어가 투자자들에게 상환하고, 상점에 잔액을 보냅니다. 펀다는 이를 위해 BC카드 매출의 제1수익권자가 되는 신탁계약을 차입자와 맺습니다.

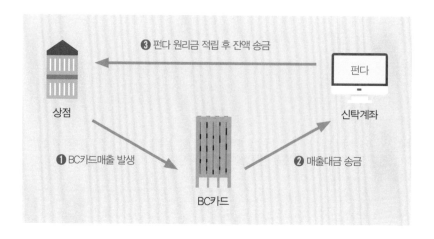

최근엔 음식점뿐 아니라 다양한 사업자들이 P2P대출을 이용하고 있습니다. 피플펀드는 지난해 두 차례에 걸쳐 투자자들로부터 18억원을 모아 클럽 '옥타곤'에 연 12%에 대출을 해줬습니다. 옥타곤은 세계 5위, 아시아 1위 규모의 유명한 클럽이지만, 시중 은행이 유흥업소에 대한 대출을 꺼리다 보니 대안으로 P2P대출을 이용한 것입니다. 당시 이 상품은 투자자가 대거 몰려 1시간 만에 마감이 됐습니다. 피플펀드는 대출 실행 이후 5개월간 옥타곤에서 발생하는 카드 매출을 받아 투자자들에게 원리금을 돌려줬습니다. 이외에도 홈쇼핑 방송을 앞둔 회사들의 상품의 재고를 담보로 투자자를 모집하는 홈쇼핑 투자, 중고차나 귀금속, 명품 등 다양한 동산담보투자 상품도 있습니다.

어니스트펀드와 피플펀드 등이 내놓은 SCF 투자 상품도 사업자 대출의 일종입니다. SCF는 Supply Chain Finance의 약자로, 중소기업이나 자영업자가 소셜커머스 회사로부터 나중에 지급받을 판매 대금을 먼저 정산해주는 대출로, '선정산 서비스'라고도 불립니다. 중소기업이나 자영업자가 티몬, 위메프 등과 같은 소셜 커머스 회사를 통해 제품을 판매하면 이들은 짧게는 2주, 길게는 2개월 이후에 판매 대금을 정산받는데, 이 시차를 해소해주는 상품입니다. 투자 수익률은 연 6~8% 수준이고 기간은 1~3개월 단기입니다.

중소기업이나 자영업자는 원재료 매입금액, 인건비, 배송비 등 즉시 써야 할 돈이 많습니다. 소셜 커머스 회사로부터 판매 대금 정산을 받을 날까지 기다리기 보다는 이들은 울며 겨자먹기로 대부업체를 찾아 연 20% 대의 고금리 대출이라도 이용합니다. 앞서 언급했듯 은행에서 대출을 받기 어렵기 때문입니다. P2P회사는 중소기업이나 자영업자가 연 7~9%대의 비교적 낮은 금리로 보릿고개를 넘길 수 있도록 투자금을 모아 대출을 해줍니다. 한마디로, P2P회사가 소셜커머스 회사 대신 중소기업이나 자영업자에게 먼저 판매 대금을 먼저 정산해줍니다.

콘서트, 전시회, 연극도 P2P투자 한다

동네 상점뿐 아니라 문화콘텐츠 산업 관련 P2P대출도 사업자 대출의 일종입니다. 상품 구조는 차입자^{사업자}의 사업장에서 발생할 티켓판매대금이 대출금 상환 재원입니다. 아이돌이나 공연과 전시회, 연극에 대한 투자 상품도 있었습니다.

이 상품의 차입자는 공연 기획사입니다. 기획사는 P2P대출금을 받아 대개 대관료나 공연이나 전시회에 참여하는 아티스트에게 지급할 대금으로 사용합니다. P2P회사는 공연이 종료된 후 매출 수익으로 발생할 매출

채권^{티켓판매대금}에 대한 권리를 확보합니다. 그렇다 보니 공연이나 전시회의 흥행 성패에 따라 P2P대출의 원리금 상환 여부가 좌우됩니다. 이런 상품에 투자하면 때로는 P2P회사에서 투자자에게 추첨을 통해 공연 티켓을 증정하기도 합니다.

사업자 대출 투자 시 살펴볼 것 2가지
유명한 대형 상점이라고 해서 '묻지마 투자'는 금물

상점 한두 개를 운영하면서 매출을 잘 내던 사장님이 사업을 확장하다 보면 여러 가지 변수에 부딪힐 수 있습니다. 사업의 규모가 커지면 이에 따라 성공방정식이 바뀌기 때문에 오히려 위험해질 수도 있다는 의미입니다.

심화과정 펀다에 물었다, 사업자 대출 투자의 팁

"대형 사업에 투입되는 큰 자금은 한번만 잘못돼도 투자 수익에 큰 손해를 끼칠 수 있어요. 건실한 소형 상점 여러 곳에 분산투자하는 것이 더 안전하다고 생각해요.

또 P2P회사가 위험분산 수단을 마련했는지 살펴보세요. 5개 투자 상품에 투자해서 이 중 한 개만 부도가 나도 투자자는 손해를 보잖아요. P2P회사가 투자 원금의 일부를 보전해주는 부도준비금을 설계해놓았다면 완전히 투자금을 날리지는 않겠죠. 혹은 소액으로 여러 투자처에 분산해서 투자하는 것이 좋습니다."

P2P투자란 무엇인가

상환 방법을 확인하라

자영업 대출은 해당 상점의 미래 매출을 믿고 투자하는 것이기 때문에, 미래의 매출을 P2P회사가 강제로 상환할 방법을 구축했는지 확인해야 합니다. 매출이 발생하면 자영업자는 그 돈으로 대출금을 갚기보다는 다른 지출을 하고자 하는 유혹을 느낄 가능성이 높습니다. 우리가 은행에서 대출을 받을 때를 생각해보면, 돈을 빌릴 때의 마음과 갚을 때의 마음은 다르지요. 빌릴 때는 돈이 많아진 것 같은 기분이 들지만, 대출금을 갚을 때가 되면 아까운 내 돈이 나가는 것 같아 아쉽기 마련입니다.

P2P회사가 이 같은 대출자의 욕구를 통제하기 위한 안전장치를 마련했는지 확인해야 합니다. 대표적인 안전장치는 다음 달 카드매출을 P2P회사가 먼저 수령하고 잔액을 나중에 차입자에게 상환하는 방식입니다.

SCF 상품도 마찬가지 상환 구조를 마련했습니다. 어니스트펀드와 피플펀드는 대출을 해줄 때 나중에 차입자가 소셜커머스로부터 정산대금을 받을 계좌를 본인들 명의의 계좌로 설정합니다. 본인들이 직접 정산대금을 수령해 대출금을 받아보는 구조입니다.

중소기업에 돈을 빌려주자
– 전자어음 담보대출

"남들이 두려워할 때 욕심을 내고,
남들이 욕심을 낼 때 두려워하라."
– 워런 버핏

　중소기업과 소상공인에게 단기자금을 빌려주고 전자어음을 담보로 잡는 P2P대출도 있습니다. 투자자의 자금으로 중소기업의 유동성 부족을 도와주는 방식입니다. 전자어음 담보대출도 앞서 살펴본 개인사업자 대출과 마찬가지로 지금 당장 자금이 필요한 사업자에게 '미래에 들어올 돈으로 갚으라'는 계약을 맺고 대출을 해줍니다.

　먼저 전자어음이 뭔지 알아봅시다. 전자어음은 기업이 발행하는 외상매출채권입니다. 종이 어음과 개념은 같은데, 장부를 적어놓는 매체가 기존에 종이에서 전자장부로 이동했기 때문에 전자어음이라고 합니다. 어음은 지급일, 액면가, 배서, 보증 등이 적힌 문서입니다. 전자어음은 법무부가 감독하고 금융결제원에서 관리합니다. 위조나 변조가 불가능하고, 분실될 위험이 없습니다. 금융감독원에 따르면 전자어음 이용자의 99%

P2P투자란 무엇인가

는 중소기업·소상공인입니다. 이들은 물품을 납품하거나 건설회사의 경우 공사를 하고 나서 그 대가로 거래처로부터 전자어음을 지급받습니다. 한국은행에 따르면 2017년 전자어음 발행액은 556조원에 달합니다.

막간상식
어음이 뭔가요?

어음은 '미래에 약속한 시점에 얼마의 돈을 갚겠다.'고 기록한 외상의 증거입니다. 가량 지금 당장은 줄 돈이 없지만 2개월 뒤에 5000만원의 수익을 벌어들일 수 있는 A 회사가 있다고 가정해 보겠습니다. 하지만 지금 당장 A 회사가 거래처 B 회사에 1000만원을 줘야 할 일이 있다면 어떻게 할까요? 어음제도를 활용하면 위기를 모면할 수 있습니다. A 회사는 '2개월 뒤에 1000만원을 갚겠다'는 종이를 B 회사에 써주고, 실제로 2개월 뒤에 5000만원이 생겼을 때 B 회사에 약속한 1000만원을 지급하면 됩니다. 만약 어음제도가 없다면? 2개월 뒤에 5000만원이 생길 회사가 당장 1000만원을 구할 수 없어 영업 활동을 지속할 수 없는 상황이 생깁니다. 이때, B 회사는 A 회사에서 받은 전자어음을 가지고 '할인담보 대출'을 받을 수 있습니다. 즉, 전자어음 P2P대출의 '차입자'는 이 경우 B 회사이며, 어음 발행사는 A 회사입니다. P2P대출금의 상환 재원은 어음 발행사인 A로부터 B가 받을 돈이므로, P2P회사는 A 회사의 어음 대금 지급능력상환능력을 심사합니다.

차용증서- 전자어음-수표의 차이

차용증서와 전자어음은 발행인과 수취인의 거래가 은행을 통하느냐의 여부로 구분할 수 있습니다. 차용증은 개인간 거래의 증거입니다. 전자어음은 은행 시스템을 이용합니다.

그렇다면 수표와 전자어음은 어떻게 다를까요. 은행에서 현금을 지급받을 수 있는 시점에 차이가 있습니다. 수표는 발행된 날부터 원하는 때에 은행에 가지고 가면 현금을 지급받을 수 있습니다. 한편 어음은 명시된 만기일에 어음 발행사가 은행을 통해 대금을 상환해야 현금을 지급받을 수 있습니다.

P2P대출에서 왜 전자어음 할인을 받나

전자어음 할인 담보 대출 이용자의 대부분이 중소기업과 소상공인99%이라는 말씀을 드렸는데, 정작 이들은 은행이나 저축은행에서 전자어음을 담보로 대출을 받지 못하고 있습니다. 은행에서 전자어음 할인을 받으려면, 어음만 있어서 되는 게 아닙니다. 은행은 어음 발행사의 재무 상태뿐 아니라, 돈을 빌리려는 차주의 신용도도 심사 기준에 포함하기 때문입니다. 우수한 발행사의 전자어음을 담보로 가지고 가더라도 대출자 본인법인 포함의 신용도가 낮으면 은행에서 대출을 받기 어렵습니다.

은행과 저축은행 등 제도권 금융권에서 대출을 받지 못하는 중소기업·소상공인은 고금리로 이자를 떼어가는 대부업체나 사채시장을 찾게 됩니다. 많게는 연 30%대의 수수료를 요구해도 다른 방법이 없어 이용하고 있다고 합니다. 이렇게 고금리 대출을 지속적으로 이용할 경우, 지나친 금융 비용으로 인해 수익구조가 열악해져서 결국 사업을 지속하지 못하는 상황까지 가는 경우가 많습니다.

P2P회사들은 금리가 양극화돼있는 전자어음 담보대출 시장의 빈틈을 파고들었습니다. 현재는 전자어음 담보대출을 중개하는 P2P회사는 코스콤과 무학그룹이 공동 출자한 나인티데이즈^{한국어음중개}가 대표적입니다. 이들은 전자어음 발행사의 재무 정보를 심사해 상환 여력이 충분하다고 판단하면 회사 홈페이지에 이들의 대출채권을 소개합니다. 그리고 투자자들의 자금을 모집해 대출금으로 지급합니다.

투자자 수익률^{차입자의 대출} 금리은 연 5%대에서 높게는 연 15~16% 수준인데, 부실이나 연체 가능성이 낮을수록 금리도 낮고, 위험도가 높을수록 금리도 높습니다. 중소기업과 소상공인은 전자어음을 담보로 대부업체 등 시중 이자율보다 훨씬 저렴하게 자금을 조달할 수 있습니다.

전자어음은 이를 발행한 회사의 존폐를 담보로 하는 자산입니다. 전자어음에 적힌 만기일에 어음을 발행한 회사가 대금을 상환하지 않으면 해당 기업은 당좌거래정지를 통해 부도로 처리되기 때문입니다. 전자어음을 최초로 발행한 회사와 이를 받은 회사 등 해당 어음과 얽힌 모든 회사들이 P2P대출금에 대한 합동 책임 채무를 갖게 됩니다. 만약 어음을 발행한 회사가 부도가 나도, 대출금을 중간 배서기업들에게 동일한 수준으로 추심할 수 있습니다.

P2P회사마다 어음에 대한 심사 방식에는 차이가 있습니다. 나인티데이즈의 경우 나이스평가정보에서 어음 발행 기업의 재무정보를 받아 신용도를 측정해 위험 등급을 산출하고 대출 금리를 책정합니다. 부도 위험이 낮은 회사일수록 금리가 낮습니다.

발행회사의 재무안정성

P2P회사 홈페이지에는 어음을 발행한 기업에 대한 정보가 상세하게 공개됩니다. 투자자는 재무 상태표와 손익계산서를 바탕으로 투자 상품의 위험도 등을 판단할 수 있겠습니다. 어음을 발행한 회사의 재무 안정성을 투자 지표로 활용해야 합니다. 현금흐름의 상태를 보려면 현금성자산을 유동부채로 나눈 '당좌비율'이나 부채총액 대비 자기자본으로 나눈 '부채비율'을 살펴봅시다.

당좌비율은 회사의 단기 유동성을 판단할 수 있는 잣대 중 하나인데, 회사가 보유하고 있는 현금화하기 쉬운 자산_{현금, 예금, 유가증권 등 단기금융상품, 매출채권 등}을 처분했을 때 단기 채무_{유동부채}를 갚을 수 있는지 평가하는 비율입니다. 당좌비율이 100%를 넘어야 재무 상태가 안정적이라고 할 수 있습니다. 당좌비율이 100% 밑이면 기업이 보유한 현금성자산보다 만기가 1년 내 돌아오는 채무가 더 많은 것입니다.

실제 투자금을 모집하고 있는 한 회사의 사례로 살펴보겠습니다. 이 회사의 당좌비율은 117.39%입니다. 이는 이 회사가 유동부채 1원을 갚을 수 있는 1.1739원의 현금성 자산을 보유하고 있다는 의미입니다. 보유한 현금성 자산을 처분해 유동부채를 갚게 되면 0.1739원이 남는다는 의미입니다.

P2P투자란 무엇인가

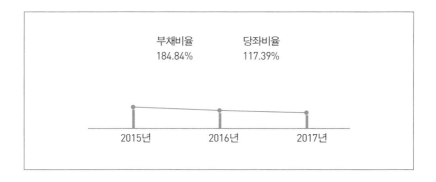

심화과정 한국어음중개 나인티데이즈 운영사에 물었다, 부채비율

"부채비율은 총부채를 자기자본으로 나눈 비율입니다. 일반적으로 부채비율이 낮은 회사일수록 안정적입니다. 이상적으로는 이 비율이 100% 이하여야겠죠. 하지만 부채비율은 업종별로 차이가 커서 무조건 동일한 잣대로 판단할 수는 없습니다. 다만, 제조업 회사들의 부채비율은 100% 내외이고, 건설업과 의료업은 사업의 특성상 부채비율이 400~500%에 달하기도 합니다. 따라서 부채비율에 따라 해당 회사의 재무건전성을 평가하려면, 그 회사가 속한 업종의 특수성을 함께 고려해야 더 정확합니다.

아울러 어음을 발행한 회사가 파산해버리면 약정한 금액을 갚지 못하게 되니 투자 전에 살펴보세요. 합동 채무를 지고 있는 중간 배서 회사들이 있어 이들에게 추심을 진행하기는 하지만, 이들마저 파산하면 투자금을 돌려받기가 어려워집니다. 어음 발행회사가 기업회생을 신청하고 현금 변제를 받으면 투자금을 회수할 수 있겠으나, 이 절차를 마쳤는데도 건질 자산이 아무것도 없다면 투자 원금 손실을 볼 수도 있습니다."

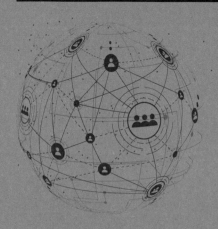

PART 5

고수를 따라잡는
실전 노하우!

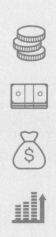

P2P투자
선배들의 이야기

"경험을 통해 배우는 것보다 딱 한 가지 더 강력한 것이 있다면
그것은 경험으로부터 배우지 않는 것이다."
– 존 템플턴

이번에는 P2P투자를 조금 더 빨리 시작한 투자자들의 이야기를 소개하겠습니다. 이들은 P2P회사 근무자가 아닌 아닌 일반투자자들로, P2P투자로 자산을 굴립니다.

P2P에만 6억원을 투자한 직장인, 외국계 보험사 부장, 온라인 P2P투자자 모임 가운데 회원수가 2만 4000여 명에 달하는 '피자모피투피투자자모임'에서 꾸준히 상품 분석 글을 작성했던 칼럼진 등 인터뷰 대상자는 다양합니다. 이들의 말이 절대적인 진리는 아니니, 모방은 권하지 않습니다만, 다른 사람들은 어떻게 하고 있는지 참고 지표 정도로 생각해주시면 되겠습니다. 이들은 사생활 보호를 위해 필명, 가명을 사용해달라고 요청했습니다.

P2P로 6억 굴린 30대 강남주민 직장인

투자 시작 시점: 2016년 말

누적 투자 금액: 6억원

연 평균 실수익: 매달 300만원

이용하는 P2P회사 수: 1개

특정회사 홍보로 여겨질 소지가 있어 P2P회사 이름은 이니셜로 처리했습니다.

투자 채권 수: 비공개

기존 재테크 방식: 예적금, 주가연계증권ELS , 주식, 부동산

특이사항: 업체 1곳에 '몰아주기'

"언제든 손실을 볼 수 있습니다. 고수익을 주면서 안전하기까지 한 그런 착한 기업이나 사람은 없습니다. 믿을 만한 P2P회사만을 이용해야 합니다. 현재로선 P2P회사가 투자금을 들고 도망가버리면 투자자는 어찌할 방법이 없습니다."

결혼 당시 2000만원으로 살림을 시작한 30대 직장인 A씨는 자수성가로 강남 노른자땅의 가장 비싼 아파트에 입성한 직장인입니다. 현재 20억원에 달하는 아파트를 보유한 A씨는 P2P투자로만 6억원을 굴리고 있습니다. P2P투자를 알기 전에는 고위험 채권에도 거침없이 돈을 '올인'했던 공격적이고 과감한 투자자입니다.

A씨는 P2P투자 시에 그 무엇보다 중요한 것이 '최고경영자의 성품'이라고 강조합니다. 투자자의 돈을 자신의 돈처럼 관리해줄 수 있는 책임감 있는 대표여야만 투자를 결정한다는 것입니다. A씨는 "P2P대출은 '기업

P2P투자란 무엇인가

리스크'와 '상품리스크', 2중 리스크가 있다"고 말했습니다. 기업 리스크는 P2P회사가 멀쩡해야 한다는 뜻입니다.

A씨는 "막말로 회사가 투자금을 들고 도망칠 수도 있기 때문"이라면서 "유망한 벤처기업에 돈을 투자해 육성하는 VC들은 투자를 결정할 때 최고경영자 성품에 최대 점수를 배치한다"면서 P2P투자에도 같은 관점을 가져야 한다고 강조했습니다. 그는 고금리 이자를 주지는 않으나 안정적으로 연체율을 관리하고 있는 부동산 PF 전문 P2P회사인 T사에 투자금을 몰아넣었습니다. "금융 당국은 P2P회사마다 조금씩 분산투자를 하라고 하는데 왜 그 반대로 했느냐"는 질문에 A씨는 "이 회사의 최고경영자를 개인적으로 알기 때문"이라고 답했습니다.

♦ 처음 P2P투자에 관심을 가지고 입문하게 된 계기는?

"2016년 말쯤 만기가 된 자금이 있어서 아예 작정하고 '이걸로 P2P에 투자하자'고 생각했습니다. 8퍼센트, 테라펀딩 등이 출범할 때부터 P2P투자를 알고는 있었어요. 언젠가는 투자해보려고 마음의 준비를 하고 있었지만, 바로 시작하진 않았습니다. 실제로 투자라는 습관을 갖는 것이 어려웠기 때문입니다.

♦ 첫 투자는 얼마로 시작했나요. 당시 그 업체를 고른 이유는?

"T사의 서울 시내 빌라 건축 건으로 시작했는데, 공사 현장을 직접 파악해보고 정상 상환되겠다고 확신하고 5000만원 정도를 투자했습니다. T사를 고른 이유는 딱 하나, 최고경영자를 개인적으로 알기 때문이었습니다.

P2P투자에는 2중 리스크가 있습니다. 'P2P회사 리스크'와 '상품의 리스크' 두 가지입니다. 제가 강조하고 싶은 건 P2P회사 리스크인데, 해당 P2P회사가 고의적인 투자자 기만이나 사기성이 없이 정직해야 한다는 뜻입니다."

◆ P2P투자의 장점은?

"기존 은행이나 저축은행, 대부업자는 예대마진을 떼어가는데, 개인과 개인이 거래하면 플랫폼 수수료만 지불하면 다른 비용은 아낄 수 있는 것이 큰 장점입니다. 나는 P2P투자 중에서도 부동산 P2P투자를 좋아합니다. 2014~2016년에는 자산 중에 부동산 P2P에 투자한 비중이 상당히 높았습니다. 주변에서 '스타트업 대출 중개 업체를 어떻게 믿고 그리 목돈을 넣느냐'고 주의를 많이 줬을 정도입니다. 하지만 당시 부동산 시장이 계속 좋을 것이라고 봤고, 부동산 P2P투자가 무위험 고수익 시장이라고 생각됐습니다. 2016년까지만 해도 부동산 P2P투자는 금액제한 조치조차 없었기 때문에 아주 많은 돈을 투자했습니다."

◆ 투자를 하고 있는 업체 수는?

"T사 한 곳만 하고 있고 앞으로도 T사만 이용할 생각입니다. 금리는 낮지만 안정성이 높다고 생각해 관심을 갖고 있습니다."

◆ T사는 부동산 PF 상품을 주로 취급하는데, 포트폴리오가 부동산 상품에만 몰려 있는 건 좀 위험한 선택 아닌지.

"개인적인 선호도일 뿐이고 감당할 수 있습니다. 신용대출에는 투자하지 않습니다. 한국은 미국 등과 달리 개인의 신용도를 파악하는 시장이 제대로 형성돼 있지 않다고 생각합니다. 부동산이 곧 신용인 희한한 나라 입니다. 무엇보다 1금융권에서 대출을 받지 못하는 사람에게 돈을 빌려주는 것이 저는 꺼려집니다. 은행에서 대출 못 받으시는 분들께는 죄송하지만 제 생각이 그렇습니다. 그리고 다른 걸 다 떠나서 신용대출만 가지고 P2P회사가 흑자전환을 할 수 있을지 의문이기도 합니다. 국내 신용대출 시장 자체가 크지 않은데, 중개 수수료로 돈을 벌어야 하는 P2P회사가 버틸 수 있을까요? P2P회사가 수익을 내지 못하면 결국 투자금을 회수해줄 주체도 흔들리는 거죠.

물론 빚 상환 의지가 높은 대출자가 많은 것이 사실이기도 하고, 신용 등급 4~7등급을 무시하면 안 된다는 의견도 많습니다. 하지만 빚 상환 의지가 높은 대출자를 골라내기가 어려워 보입니다. 게다가, 부동산이 무너지면 신용 시장 또한 무너집니다. 우리나라는 전체 가계 자산 중 부동산 비중이 높아서, 부동산으로부터 자산 가격 폭락이 발생하면 부동산이 포트폴리오에 하나도 없는 투자자라고 해도 큰 타격이 불가피합니다. 당장 집값이 반토막 나면, 주택 소유자도 문제이지만 전세로 사는 이도 전세금을 온전히 보전받을 수 없게 됩니다. 타격이 불가피해요.”

♦ 매달 수익은 얼마인지.

“제 명의로는 3억 1300만원 투자해 총 1849만원 세전 수익을 냈고, 현재 아직 상환 기간이 도래하지 않은 금액이 1억 8000만원 남아 있습니다. 2017년 말 기준 아내 명의로도 2억 3700만원을 투자해 992만원 세전 수익을 냈어요. 전체 빚이 한 8억원쯤 있는데, 한 4억원 정도는 일부러 안 갚고 투자를 합니다. 대충 3억원이 P2P투자, 1억원이 ELS, 펀드죠. 나머지 가족들, 장인어른, 아버지 등도 제가 계좌를 터줬고 그분들도 P2P투자를 하고 계십니다. 다 규제 생기기 전에 한 것이고, 지금은 상환되면 재투자를 못하니 그냥 정리하고 있습니다."

♦ P2P투자와 다른 금융상품과의 차별점은?

"지금도 P2P대출 투자와 부동산과 주식, ELS, 펀드를 병행하고 있습니다. P2P투자와 다른 투자처의 다른 점은 별로 없어요. P2P투자도 언제든 손실을 볼 수 있습니다. 사실 돈이 충분하다면 P2P투자보다도 부동산 투자를 하라고 권하고 싶습니다. P2P회사에서 취급하는 부동산 건축자금 대출 투자 상품의 공사 현장에 가보면, '아, 은행이 돈을 빌려주지 않을 만하구나' 싶은 마음이 들 것입니다. P2P회사의 현재 연체율 기록이 우수하더라도, 지금의 낮은 연체율이 미래의 일도 담보해주는 것은 아닙니다. 빌라 건축자금 대출은 정부 정책의 영향을 많이 받으니 앞으로 어찌될지는 아무도 몰라요."

♦ 그렇다면 현재 어떻게 투자하고 있는지.

"2018년 들어서는 재투자를 하지 않고 있습니다. 현재2019년 잔액은 전성기 때의 50분의 1 정도만 남아 있습니다. 금액을 많이 줄인 이유는 정부 정책 때문이기도 하고, 당분간은 P2P대출업이 불황을 맞을 것으로 보여 두세 템포 쉬었다 투자할 계획이기 때문입니다."

P2P투자란 무엇인가

♦ 시장이 안 좋을 것으로 판단한 이유는?

"금융위원회가 일반 개인투자자는 1000만원까지만 투자할 수 있도록 조치한 영향이 크겠죠. 2016년 11월, 투자금을 제한하는 내용의 가이드라인을 만든 뒤 시장이 얼어붙었습니다. P2P대출이 아직 제자리를 잡지 못한 상태에서 투자금 제한 조치가 만들어지다 보니 모이는 돈이 턱없이 부족해 더는 크지 못하는 상황이 닥쳐버렸습니다."

♦ 2019년 현재는 P2P대출 시장의 불황기인지.

"그런 셈이죠. 그런데 불황이라는 게 마냥 부정적인 건 아니에요. 불황은 시장 정리의 기간이니까요. 현재 P2P대출 중개업체는 200여 개사 이상인 것으로 추산되고 있습니다. 불황이 지속되면서 부실기업이 정리되면, 우량 회사 중심으로 시장이 다시 활황을 맞을 수 있을 것으로 기대하고 있습니다. 저는 업계 1위 기업인 T사에만 관심을 갖고 있습니다. 대부분 P2P회사들이 적자를 면치 못하고 있는 상황이라서 수백억원대 투자금을 벤처캐피털로부터 조달받은 회사라고 해도 몇 년 버티지 못할 가능성도 있습니다. 안전한 상품 위주로 대형사에만 투자하길 권합니다."

♦ 투자할 상품을 고르는 기준은?

"일단 P2P회사가 제시하는 LTV는 별로 믿지 않습니다. 친동생이 은행에 다녀서 이것저것 설명을 많이 듣는데, 빌라 등 아파트가 아닌 것들은 담보 가치 측정이 애매하더라고요. 전적으로 P2P회사가 공표하는 신용도를 참고해야 하는 상황이니, 개별 상품의 문제보단 차라리 믿을 만한 P2P회사를 찾는 게 가장 중요하다고 생각해요. 가끔은 사업장이 있는 지역을 구글 지도로 보고 사업성을 분석해봅니다."

♦ 어떤 상품이 '좋은 상품'이라고 생각하나.

"안전한 담보물이 있는 상품이 좋다고 생각합니다. 좋은 상품은 현재로서도 많습니다. T사 사이트에 들어가보면 이 회사가 차주에게 매긴 신용등급이 보이는데, A등급 상품들은 큰 무리 없이 상환될 것으로 보입니다. 특히 2018년 9.13 대책으로 주택을 1채 이상 가진 담보물아파트이 아무리 가치가 있어도 기존 금융권에서는 추가대출을 한 푼도 받지 못하는 상황입니다. 이들 중 상당수가 대부업혹은 P2P회사에서 자금을 조달하고 있는데, 돌려 말하면 그만큼 안전한 담보물이 널려 있는 셈입니다. 이런 상품에 투자하면 땅 짚고 연 8% 이상의 수익을 낼 수 있는 셈입니다. 물론 문제는 앞에서 얘기한 대로 일반 투자자는 1000만원까지만 투자할 수 있다는 점입니다. 자산가 입장에서는 소액만 투자할 수 있기 때문에 관리하기 귀찮아서 아예 안 하고 만다는 사람이 많습니다."

♦ 처음 P2P투자를 시작하는 사람들에게 하고픈 말이 있다면?

"원금을 잃을 수 있다는 것을 잊지 마세요. 고수익을 주면서 안전하기까지 한 그런 착한 기업이나 사람은 세상에 없습니다. 그리고 다시 말하지만 부동산 P2P대출업은 현재 불황입니다. 지금은 목돈을 넣는 것이 적절하지 않을 수 있습니다. 특히 오피스텔, 빌라를 짓는 작업장에 투자하는 것은 P2P회사가 어려워지면 관리감독 또한 허술해질 수 있기 때문에 지금 당장은 담보물이 확실한 주택담보대출에 집중하기를 추천합니다. 이 경우엔 실령 P2P회사가 망한다고 해도 담보가 살아 있어 원금 회수에 용이합니다."

P2P투자란 무엇인가

보수적인 투자자 '양파맛사과' "안전투자가 제일"

– 연 6% 적금처럼 투자

투자 시작 시점: 2016년 11월

누적 투자 금액: 2억 5748만원

연 평균 실수익률: 10.67% 지금까지 총 이자수익 843만3202원

이용하는 P2P회사 수: 18개 업체

투자 채권 수: 298개 상품

기존 재테크 방식: 은행 예금, 적금

"너무 높은 금리를 주겠다고 약속하는 상품은 투자 전 심사숙고해야 합니다. P2P대출은 다른 사람이 내는 대출이자가 곧 내 수익이 되는 것이라는 점을 항상 생각해야 합니다. 너무 높은 금리와 리워드는 대출자 입장에서 부담스러울 겁니다. 너무 고금리를 약속하는 상품은 연체로 이어질 가능성이 높습니다."

필명 '양파맛사과'로 피자모 칼럼진으로 활동했던 직장인 김모[32] 씨는 "적금하듯 조금씩 P2P투자 상품에 투자 중"이라고 소개했습니다. 그는 종종 피자모 카페에서 상품 분석 글을 작성하고 있습니다. P2P투자를 접하기 전 벌어들이는 수익은 오로지 예금, 적금 상품에만 투자했던 보수적인 투자자입니다. 현재 서울의 한 여행사에서 개발자로 근무하고 있습니다.

저는 지난 2017년 그를 평균 한 업체에 211만원씩, 한 상품당 19만 7000원씩 소액으로 나눠서 돈을 넣는 분산투자의 달인으로 조선비즈 기사에 소개했습니다. 1년 남짓 지난 2018년 12월 현재 김씨는 한 업체에

평균 443만 3179원, 한 상품당 78만 2326원으로 투자 규모를 확대했습니다. 안정성을 중시하는 김씨는 주로 P2P협회 회원사 위주로 투자하고 있습니다. 그는 "P2P협회에서 제공하는 대출현황조사를 보면 2016년 10월부터 가입된 업체에 한해 누적 대출, 연체 등을 월 단위로 볼 수 있다"면서 "P2P회사들이 언제 연체가 있었고 이를 어떻게 해결했는지 시간의 흐름에 따라 확인할 수 있다"고 말합니다.

김씨는 "P2P투자를 단기간 1~2년 하고 그만두지 않고 10년 이상 꾸준히 이용할 것"이라면서 "평소에 느긋하게 이 상품 저 상품 둘러본 다음 천천히, 신중하게 투자를 결정한다"고 말했습니다.

김씨는 너무 높은 금리를 주거나 리워드를 주겠다면서 투자자를 유혹하는 회사는 경계합니다. 그는 "그렇게 높은 이자는 이를 내는 사람 입장에서 이는 굉장한 부담이 될 것인데, 부담을 이기지 못하고 차주가 부실화하거나 연체가 발생할 수도 있다고 생각한다"면서 "게다가 사기를 치려고 하는 P2P대출 중개회사 가운데 리워드를 뿌려서 고객을 현혹하는 일도 엄청나게 잦다"고 강조합니다.

김씨는 "초보 투자자들의 경우 P2P회사가 제시하는 상품설명을 확인한 뒤 이 상품의 구조를 이해할 수 없다는 생각이 들면 절대 투자하지 말아야 한다"면서 "P2P투자는 원금 보장이 되지 않는 만큼 자신의 책임이 가장 중요하기 때문에 스스로를 믿어야 한다"고 당부했습니다. 그는 "투자자 카페든, 어디서든 분위기에 휩쓸리지 말고 자신만의 원칙대로 소신 있게 투자해야 한다"고 다시금 강조했습니다.

♦ 처음 P2P투자를 시작한 계기는?

"직장 동료를 통해 P2P투자를 알게 됐습니다. '연 수익률이 5~15%가 넘는 재미 있는 재테크가 있다'고 하길래, 의심하며 알아보게 됐고 3일 동안 인터넷으로 열심히 검색했죠. 그 결과 '백문이불여일투자'라는 생각으로 입문했습니다."

♦ 당신의 첫 투자를 설명해달라.

"렌딧, 테라펀딩, 투게더펀딩 3개 업체에 300만원을 나눠서 투자했어요. 적금 넣는 기분으로 투자했죠. 렌딧은 지인이 처음 알려준 P2P회사였는데, 당시 최소 투자 금액이 1만원이라 소액^{지금은 5000원}으로 재테크를 할 수 있다길래, 1만원 정도는 잃어도 그만이라는 생각으로 투자했어요. 테라펀딩에는 건축자금대출 투자 상품에 들어갔는데, 당시 그 공사 현장은 제가 잘 아는 지역의 상품이었어요. 게다가 토지를 1순위 담보로 잡고 있길래 투자했습니다. 투게더펀딩은 아파트담보대출로 유명한 곳인데, 서울 서초 반포동 주공아파트라는 우수한 입지의 담보가 있는데다, 당시에 LTV가 63%로 비교적 낮아서 투자했습니다."

♦ 부동산이나 펀드, 주식투자를 해본 적은 없나.

"P2P투자는 부동산처럼 초기 자본금이 많이 필요하지 않으며, 주식보다 안전하다 생각했고, 펀드나 예적금보다 수익률이 좋아보여 시작했습니다. 부동산은 비교적 안정적인 재테크지만 초기 투자자본이 많이 들어서 접근하기가 어렵고요. 주식은 하다가 실패를 한 사람을 많이 봤어요. 그리고 나한테 온 정보는 거짓 정보일 확률이 높을 것이라고 생각했어요.

결정적으로 어머니가 주식은 하지 말라고 했어요. 예·적금은 부모님의 권유로 했었죠. 제가 예금을 처음 들 때만 해도 금리가 연 3~4%로 나쁘지 않았습니다. 지금도 청약과 재형저축에도 돈을 넣고 있습니다."

♦ P2P투자의 장점과 단점을 꼽아보면?

"P2P투자대출의 본질은 대출자, P2P회사, 투자자 세 주체 모두가 웃을 수 있는 금융이라고 생각합니다. 대출자는 기존 사채보다 낮은 금리에 대출을 받아서 좋고, 투자자는 소자본으로 은행보다 높은 수익률을 얻을 수 있어서 좋고, P2P회사는 수수료 수익을 얻으니까요. 인터넷만 할 줄 알면 투자가 가능하며 P2P투자 상품의 종류가 내가 잘 아는 분야라면 분석하기가 쉬워요.

또 소액 투자가 가능하니까 초기자본이 적게 듭니다. 상품에 대한 궁금증을 전화, 이메일, 문자, 메신저, 네이버 카페 등을 이용해 업체에 쉽게 물어볼 수 있습니다. 거기에 연 6~10%의 실 수익률을 자랑합니다.

다만 투자자는 P2P회사나 대출자에게 사기를 당할 수 있으며 원금보장이 되지 않고, 일부 P2P회사들은 상품 설명이 부실해 상품분석이 어려운 게 큰 단점입니다. 또 P2P회사가 자금을 들고 야반도주를 한다든지 하는 부도덕한 행동에 대한 우려도 있습니다. 결국 2018년 들어 엄청난 사건 사고들이 터졌네요."

♦ 최근 P2P대출시장의 여러가지 혼란에 대한 본인의 견해는?

"혼란 속에도 좋은 결과를 가져가는 사람들은 분명 있습니다. 주식이나 펀드도 마찬가지겠지요. 분위기에 휩쓸리지 않고 자신만의 원칙을 세우

P2P투자란 무엇인가

고, 소신 있고 신중하게 하는 투자해야 한다고 생각해요. 물론 자신의 소신대로 투자를 했는데 연체가 지속적으로 발생하고 원금 손실을 입는다면, 자신이 틀렸다는 것도 인정해야겠죠. 한때 수익률도 적절하고 리워드도 없는 P2P회사에서 연체가 발생한 적이 있었는데, 이때 일부 투자자 분들이 '꼭 수익률이 높고 리워드를 주는 곳이 위험한 건 아니다'라는 주장의 근거로 삼기도 했어요. 하지만 현재 시장 상황을 보면, 수익률이 높고 리워드가 많은 P2P회사에서 더 심각한 문제들이 발생했죠. 경영진의 잠적, 횡령, 장기 대형 연체 등… 그러더니 그런 말들은 쏙 들어가고 'P2P투자는 사기다'라고 묶어서 비난하는 목소리가 높아졌네요."

♦ 양파맛사과님은 대형 사건·사고에 휩쓸리지 않고 P2P투자를 하고 있는데, 비결이 있는지.

"가장 중요한 건 '대출자 입장에서 생각하기'입니다. 비슷한 상품군을 다루는 업체들의 수익률을 비교해보곤 해요. 예를 들어 A라는 P2P회사에서는 양파와 사과를 담보로 연 14%에 대출을 해주고 있는데, B라는 P2P회사에서는 양파와 사과를 담보로 연 18%에 대출을 해주고 있다고 가정해보겠습니다.

만약 내가 대출자라면? 연 금리 14%의 A에서 대출을 받을까요? 아니면 연 금리 18%의 B에서 대출을 받을까요? 제가 대출자라면 A에서 대출을 받을 것 같아요. 이자 비용이 싸니까요.

실제 제가 상품을 분석하면서 확인한 내용으로 예를 들어보겠습니다. 과거에 더하이원펀딩에서 '해표 식용류, 오뚜기 식용류, 롯데푸드 콩식용류, 고추장 등 동산 담보로 연 이자율 22%에 리워드가 3%인 상품이 있었습니다. 비슷한 물품을 담보로 하는 시소펀딩에서는 연 이자율이 15% 정도였습니다. 만약 내가 대출자라면 당연히 금리가 낮은 곳을 찾겠죠. 만약 시소펀딩에서 대출을 거절당했을 경우에나 더하이원펀딩을 찾게 되었겠죠.

시소펀딩이 안전하다고 말하려는 게 아닙니다. 적어도 더하이원펀딩이 위험하다고는 말할 수는 있다는 이야기입니다. 그래서 저는 이 회사를 위험하다고 봤었습니다. 더하이원펀딩은 현재 투자자들의 자금을 갚지 않고 경영진이 잠적해버린 P2P대출업계의 대표적인 사건사고 사례로 언급되고 있습니다."

♦ 대출자 입장에서 많이 생각하는 듯하다.

"P2P대출의 개념이 투자자, 대출자가 '윈-윈'하자는 금융인데, 투자자만 '윈' 하려고 하면 안 되지 않습니까. 대출자 입장도 생각해야 합니다. 상대방 입장을 생각해보는 게 가장 빠른 답입니다. '왜 대출자는 이 리워드를 감당하면서까지 P2P대출을 받을까' '이 대출을 못 받으면 대출자는 죽는 건가' 등 이런저런 생각을 합니다. 자연스럽게 수익률과 리워드의 무서움을 알게 됐고, 주의하게 됐습니다."

♦ 그럼 리워드를 독으로 생각하는지.

"네. 저는 오히려 리워드 없는 상품에 더 투자를 하는 편이라서요. 리워드를 주는 투자 상품에 돈을 넣는 건 제 가치관에도 맞지 않아요. 제가 대출자라면 이왕이면 이자를 덜 내도 되는 곳에서 대출받기를 원할 것 같습니다."

♦ 생각해보니 더 낮은 금리를 제시하는 P2P회사에서 심사를 통과한 차주가 더 우량할 것 같기도 하다.

"아무래도 그렇죠. 가령 A라는 P2P회사 대출 심사에서 탈락한 대출 신청자가 B라는 P2P회사에선 심사를 통과했을 수 있죠. 그리고 B회사에선 그닥 우량하지 않은 투자 상품인데 리워드를 붙여서 나왔을지도 모르죠."

♦ 그렇다면 투자를 결정하는 기준은 무엇인지.

"한 곳의 P2P회사가 같은 차주에게 지속적으로 대출을 해주는 건 아닌지 확인해보고요, 차주의 신용도, 대출 목적, LTV, DTI 등을 봅니다. 저는 우선 아파트 담보 상품에 투자금의 38%를 투자했습니다. KB부동산이나 국토교통부를 통해 아파트 실 매매가 확인이 가능해 LTV 계산이 쉽습니다. 또 아파트 주소지로 입지의 경제성을 확인할 수 있어 상품분석이 비교적 쉽습니다. P2P회사가 홈페이지에서 담보인 아파트의 가격, 1순위 채권자가 보유한 LTV를 알려줍니다. 그럼 이 아파트를 검색해서 시세를 알아보고 확신이 들면 투자를 합니다.

PF대출 투자 상품은 인허가, 준공, 분양 등 3가지 리스크가 있는 것 같은데, 인허가 리스크를 확인할 때는 업체가 제공하는 자료와 '세움터 홈페이지'에서 추가 확인을 합니다. 준공 리스크는 공정률을 본 뒤 시공사와 건축주의 신용도, 자기자본 투자비중, 업력 등을 확인합니다. 분양 리스크에 대해서는 지도로 입지 조건을 확인합니다. 이 외에도 P2P회사가 올린 첨부파일들을 꼼꼼히 찾아보는 편입니다.

추가로 1년 전 인터뷰 당시 받은 질문 중 '부실 대출로 논란에 휩싸인 한 P2P회사에 많은 사람들이 투자를 했는데 어떻게 양파맛사과님은 그

회사를 걸러내셨나요?'라는 내용이 생각나서 말씀드립니다. 건축자금 대출상품을 취급하면서도 공사 현장 사진을 주기적으로 올려주지 않는 모습을 보며 찜찜해서 투자를 안 했습니다. 또 투자자들은 단기 상품을 주로 선호하는데요. P2P회사들이 그런 투자자 심리를 이용하려다 보니 무리하게 단기 상품을 출시해 연체가 생기는 경우도 있었던 것 같습니다. 건축자금에 투자하기 전에 '정말 이 기간 내에 공사가 마무리될 수 있을까?'하고 의심해볼 필요가 있습니다.

동산담보대출 투자 상품의 경우엔 담보물이 매각될 경우 어느 정도 수준에 판매되는지 확인합니다. 개인신용대출에 투자할 땐 빌리는 사람의 직업, 대출목적, 기존 부채 여부, DTI를 봅니다."

◆ 투자할 때 시간을 얼마나 들여서 분석하는지.

"하루에서 이틀 정도 보는 건 주로 ABL이나 PF대출 상품입니다. 시간을 제일 많이 들여요. 2시간 정도 상품을 보고 하루 정도 후에 다시 한 번 상품을 보고 궁금한 점을 업체에 문의하고 답변을 받은 후 투자를 결정하는 식이죠. 분석해보고 이해가 가지 않는 구조의 투자 상품에는 투자하지 않습니다."

◆ 혹시 원금 손실을 본 경험이 있나.

"손실과 장기 연체는 총 7건이지만, 금액이 32만 8848원으로 그리 크지는 않습니다. 먼저 5건은 렌딧의 개인신용대출 채권에서 발생했습니다. 해당 P2P회사에서 추심을 거쳐 채권을 매각했고 원금의 일부를 회수하고 손실 처리했습니다. 장기 연체는 건축자금 대출 상품으로, 이디움펀딩과

P2P투자란 무엇인가

모아펀딩에 각각 1건씩 물려 있어요. 아직 P2P회사가 추심을 진행 중이라서 지켜보고 있는 상황입니다. 원금의 72%를 돌려받았습니다. 피자모에서 해당 업체에 자금이 묶인 회원들을 위주로 만들어진 카카오톡 단체 채팅방에서 꾸준히 관련 정보를 얻곤 해요. 최근에는 테라펀딩에서 2건[20]만원이 연체돼 상황을 지켜보고 있습니다.

P2P투자를 하다 부실업체에 투자해 피해를 입었을 경우 '피해자 모임'이 꾸려지는데, 여기에도 일부 양심없는 나쁜 사람들이 있다는 걸 알게 돼 큰 충격을 받았습니다. 피해자 모임은 함께 해당 P2P회사에 압력을 넣기도 하고, 소송을 벌이기도 하는 등 투자자 간 공동 행동과 정보 교류를 위해 꾸려집니다. 그런데 피해자 대표로 활동하며 P2P회사를 압박하고 추심 진행 상황을 공유해주던 사람이 P2P회사로부터 다른 피해자들보다 먼저 투자금을 상환받거나, 뒷돈을 받은 후 잠적해버리는 사건도 있었습니다. 피해자들을 두 번 죽이는 일이죠. P2P대출 시장은 참 많은 일들이 일어나는 분야입니다."

♦ 앞으로의 한국 P2P대출 시장 전망은?

"계속 투자자들이 얻어맞으며, 즉 손실을 보면서 산업은 성장해나갈 것 같습니다. 끝까지 살아남는 P2P회사가 다른 회사들을 흡수할 것 같기도 하고요. 피자모에서 이런저런 글들을 보며 올해 사태를 통해 투자자분들이 많이 성숙해졌다는 느낌을 받습니다. 해를 거듭할수록 P2P대출 시장이 건강해지지 않을까 싶어요."

보험회사 이 부장 "나만을 위한 1억 만들기"

− 분산투자는 승리한다

투자 시작 시점: 2017년 4월

누적 투자 금액: 2000만원

이용하는 P2P회사 수: 4개

투자 채권 수: 200개

기존 재테크 방식: 예적금, 펀드

특이사항: 무조건 모든 채권에 10만원씩 분산투자

"무조건 10만원씩 분산투자합니다. 손실을 최소화하는 거죠. 한국P2P금융협회 소속이면서 누적대출액 기준 규모가 큰 대형사들에만 투자합니다."

보험은 통계와 경험으로 미래의 위험을 예측하는 업종입니다. 산업의 호흡이 길기 때문일까요, 금융권에서 여러모로 가장 보수적인 집단이 보험사입니다. 보험회사는 수십 년간의 데이터를 기반으로 보험상품을 개발하고 보험료를 책정합니다. 길어봐야 주기가 3~5년 정도인 예적금을 판매하는 은행이나 언제든 현금화할 수 있는 주식을 거래하는 증권사와는 분위기가 다릅니다. 특히 보험 상품은 만기가 80세, 100세까지 가는 경우가 다반사입니다. 그만큼 장기적이고 보수적인 안목으로 먼 미래의 위험까지 고려하는 문화가 임직원들에게도 자연스럽습니다.

외국계 보험사에서 근무하는 '이○○ 부장'도 마찬가지로 보수적인 성향의 투자자입니다. 가장 우량하고 규모가 크다고 알려진 업체들을 찾아 보수적으로 분산해서 투자를 집행했습니다. 일단 소액으로 투자를 해보고 약속한 일정에 맞게 원리금이 상환되는지 확인했습니다. '돌다리도 두들겨보고 건너라'는 조심스러운 성격이 드러납니다.

그의 꿈은 '온전히 나만을 위한 용돈 1억 만들기'라고 합니다. 받는 월급은 꼬박꼬박 가족들에게 가져다주는 대신, 나머지 소득을 조금씩 모아서 재테크로 굴리고 있습니다.

◆ 보험회사는 리스크를 분석하고 산출하는 전문가 집단인데, 투자 리스크를 줄이기 위해 어떤 작업을 하고 있는지.

"투자금을 최소 단위로 분산 투자합니다. 10만원씩 여러 채권에 나눠 넣어 리스크를 줄이고 있습니다. 저는 투자 포트폴리오도 예금, 펀드, P2P투자, 암호화폐 등 금융 상품마다 다양하게 분산해 놓았습니다."

◆ 영역이 다르긴 하지만, 보험과 P2P투자를 비교한다면?

"보험사는 수십 년간 쌓아온 노하우와 갖가지 통계를 바탕으로 상품을 개발하고 보험료를 책정합니다. P2P대출은 역사가 짧아 통계가 아직 제대로 쌓이지 않아 참고할 만한 통계가 별로 없습니다. 그나마 대안으로 저는 연체율, 그리고 상품이 얼마나 빨리 모집되는지를 눈여겨봅니다. 이 모든 것이 그 회사의 변화하는 모습을 나타낸다고 생각하거든요. 연체가 발생하면 적극적으로 설명하는 곳이 있는가 하면 아무런 대응을 하지 않는 곳도 있습니다. 시간이 지나고 업력이 쌓이면서 계속해서 이와 같은 통계치를 개선시키기 위해 노력하는 P2P회사와 그렇지 않은 곳의 미래는 달라질 것이라 봅니다."

♦ 처음 P2P투자에 관심을 가진 계기는?

"신문에서 P2P투자 기사를 읽으며 호기심을 갖고 있었는데, 금융 담당 기자인 지인으로부터 P2P투자에 대해 들었습니다. 그 지인은 P2P회사 임원에게 들은 그들의 투자전략과 현재까지의 성과 등에 대해 이야기해줬고, 그의 말을 듣고 투자를 해보자고 결심했습니다. 당시 업계 선두 회사였던 8퍼센트에 처음으로 200만원을 투자했습니다."

♦ P2P투자의 좋은 점과 나쁜 점은 무엇인지.

"좋은 점은 높은 금리를 기대할 수 있다는 것이고, 나쁜 점은 투자한 금액을 당장 현금화할 수 없다는 점입니다. 부동산 채권을 예로 들면 투자 신청 후 보통 1년 동안 한 달에 한 번씩 이자와 원금을 받습니다. 자신이 투자한 모든 돈을 온전히 다 받으려면 1년을 기다려야 하는 것이죠. 그리고 연체나 부실 시 아예 원금을 받지 못할 수도 있습니다. 그럼에도 예금보다 상당히 높은 금리를 받을 수 있다는 점은 무시 못할 매력입니다."

♦ 한마디로 표현할 수 있는 자신만의 투자 원칙은 무엇인지.

"좋은 업체를 찾아 최소한의 투자 금액으로 분산 투자. 이자소득에 대한 과세가 27.5%에 달하기 때문에 업계에서도 소액 분산투자를 권하고 있습니다. 매 이자 소득마다 원 단위 이하로 절사하기 때문에 분산투자를 하면 세금을 줄일 수도 있습니다."

♦ 투자 포트폴리오에서 각 상품군의 비중은?

"사실 저는 상품군을 중요하게 보지 않아요. 제가 선정한 4개 P2P회사의 상품에 균등하게 분산투자하기 때문입니다. 부동산 상품도 있고 개인 신용대출 상품도 있죠. 저에게 중요한 것은 철저한 분산투자입니다. 어느 채권이 부실화될지 알 수 없으니까요. 제가 투자하고 있는 업체는 누적대출액 기준 상위 4개사입니다. 이 중 한 곳에서 취급하는 개인신용대출은 연체율이 높아 비중을 축소하고 있습니다. 지금은 연체율이 과거에 비해 높아졌지만 P2P회사를 잘 선택하고 분산투자 원칙을 꼭 지키면 저금리 시대에 좋은 투자라고 봅니다."

♦ 몇 개 상품에 분산투자했는지, 또 투자할 상품을 고르는 기준은?

"몇 개에 분산했는지 모를 정도로 많이 흩뿌렸습니다. 부동산 상품을 볼 때 인근 지역이 인기가 있는 곳인지 따져봅니다. 그리고 이자와 상환 기간을 함께 고려합니다. 예를 들어 같은 지방이라도 제주도는 뜨고 있는 지역이라고 생각해 투자를 긍정적으로 생각하는 편이고 군부대 옆 시설물은 선호하지 않습니다. 담보도 중요하지만 이 채권을 보고 보통 사람들이 어떤 생각을 할지, 심리적인 측면도 고려합니다."

♦ 부동산 PF 상품 위험도가 높다는데, 부동산 PF 투자 시 고려할 점은?

"P2P회사의 신뢰도와 부동산이 위치한 지역, 그리고 이자율을 고려합니다. P2P회사의 경우 P2P협회 회원사이면서 업력이 길고, 연체율이 낮아야 합니다. 그리고 해당 상품이 지어질 건축 현장이 사람들에게 관심을 끌고 조기 분양될 수 있을지 위치가 중요하죠. 이자율도 너무 높은 상품보다는 연 10% 초반의 이자율이 안전하다고 봅니다."

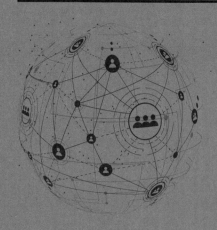

PART 6

이런 P2P회사는 피하자:
BAD CASE STUDY

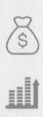

반드시 알아야 할
한국 P2P투자 흑역사

"실패에 대한 진지한 분석만이
성공적인 투자자가 되는 유일한 방법이다."
– 앙드레 코스톨라니

    이번 장에서는 우리나라 P2P투자의 흑역사를 다뤄보고자 합니다. 2018년 들어 P2P회사를 빙자한 사기꾼들이 활개를 쳤고, 많은 피해자들이 투자금을 돌려받지 못한 사례가 있었습니다. 일부 P2P회사는 고의는 아니었을지 몰라도 어쨌든 투자자들의 자금을 회수하지 못하고 있습니다. 부실 P2P회사들은 일정한 특성이 있습니다. 이들의 과거 사례를 잘 기억해뒀다가 나중에 비슷한 유형의 P2P회사가 고수익으로 유혹하려 할 때 외면하셔야 합니다.

    현명한 투자자가 되어 고금리, 단기, 높은 리워드 등 달콤한 유혹에 현혹되지 말자는 목적입니다. 앞서는 정상적인 P2P투자에 대한 이야기들을 소개했는데, 이번 장에서는 투자자들을 기만했던 업체들을 분석합니다.

    이번 장은 '투자금을 약속대로 돌려주지 않을 가능성이 있는 P2P회사를 홈페이지상의 투자 상품 설명만 보고도 골라낼 수 있을까?' 하는 의문에서 시작했습니다. 2018년 8월 쯤 P2P대출 관련 투자자 피해 기사를 쓰기 위해 취재를 하다가 '사고의 징후를 보이는 회사들을 진작에 파악할 수 있었다면 많은 피해자들이 투자금을 날리지 않았을 텐데'라는 생각이 들었습니다. 그리고 '시간을 돌려 투자 시점으로 돌아갔을 때, 과연 P2P회사의 홈페이지만 봐도 부실 가능성을 알아차릴 수 있었을지'가 궁금했습니다.

사건사고가 참으로 많았지만, 그 중에서도 2곳의 대표적인 나쁜 사례를 소개합니다. 이 두 곳은 P2P회사를 빙자해 작정하고 사람들을 속여 투자금을 모집한 후 돈을 돌려주지 않은 사례입니다.

참고로 이번 장에서 부동산 PF 대출과 관련된 상품은 고도의 전문성이 필요한 영역이기 때문에 한 P2P회사의 대표 A씨의 도움을 받았습니다. 그가 다른 회사와 P2P대출 시장에 대해 좀 더 솔직하게 말할 수 있도록 익명 처리하는 조건으로 자문을 구했습니다.

부동산 PF 대출 1: 신이라 불리던 아나리츠의 배신

부동산 PF 대출은 건축주가 건축물을 짓겠다는 명분으로 돈을 빌려가는 것이므로, 건물이 실제로 지어지는지가 중요합니다. 하지만 아나리츠는 2년 동안 1138억원의 투자금을 모집했으나 이중 966억원을 제멋대로 유용했다는 혐의를 받습니다. 이들은 부동산 건축 자금으로 쓰겠다며 투자자 1만여 명에게 자금을 모았습니다. 하지만 138개의 대출 상품 중 10건만 약정대로 차주에게 돈을 전달한 것으로 밝혀졌습니다. 이 회사의 대표와 재무이사, 운영자가 사기·횡령 혐의로 구속기소됐습니다.[23] 이 회사의 홈페이지는 2019년 현재 접속이 안 됩니다. 그래서 인터넷상 남아 있는 기록을 끌어모아 투자 페이지를 살펴봤습니다. 부동산 PF 전문가인 P2P회사 대표 A씨는 아나리츠가 홈페이지에 올려놓은 서류들은 죄다 눈속임이라면서 "애초에 P2P회사의 설명에 의존해 부동산 PF 대출 상품의 부실 가능성을 알아차리기 어렵다"고 말했습니다.

홈페이지에 나온 설명만 보고는 투자 상품의 부실 가능성을 골라내기 어렵다네요. 그는 거듭 "P2P회사 가운데 업력이 3년 이상으로 대출금 모집과 상환을 수차례 반복해본 회사이면서, 연체가 발생한 사업장을 끝까지 책임지고 투자금 회수에 나섰던 곳을 고르는 것이 가장 안전하다"고 했습니다.

하지만 저는 A 대표에게 애당초 투자자가 웹사이트만 보고도 가짜 상품을 가려낼 수 있는 방법을 알려달라고 질문했기에, 이 같은 그의 대답은 다소 맥이 빠지는 조언이었습니다. 60분간 "정말 상품 설명으로 부실한 P2P회사를 가려낼 방법이 없는 거냐"며 그를 다그쳤습니다.

그 결과 조금은 지친 A 대표가 마침내 "아, 맞다. 부동산 PF에 신탁사가 참여하는지 살펴보기만 해도 투자금을 날릴 확률이 반 이상은 줄어든다"고 말했습니다. 신탁사가 하는 일은 건축자금을 공정에 따라 시공사에게 지급하는 자금 관리자의 역할입니다.

김대윤 한국핀테크산업협회장^{피플펀드 대표}도 앞서 "현재 우리나라 P2P

---

23) 이코노미조선. 2018.08.13. 사고 위험 P2P업체 가려내기 '과도한 혜택=과도한 위험'… 대표가 잠적하기도

대출 업권에서 부동산 PF 대출 상품을 취급하는 데 신탁사와 계약을 하지 않고 이를 진행하고 있다면 사고가 날 가능성이 매우 높거나 사기일 확률이 높다"고 말했습니다. 이 조언들을 기억하면서 아나리츠가 지난 2018년 5월 말쯤 내놓았던 '투자 상품 설명'을 살펴봅시다.

● 아나리츠 홈페이지 캡처 ●

우선 이 회사가 사기업체가 아니라고 가정하고 A 대표와 함께 이 상품을 살펴봤습니다. 간단히 투자 조건만 먼저 보면 연 수익률이 18%, 여기에 리워드 2%를 더하면 총 연 20%의 이자율을 약속하는 고금리 투자 상품입니다. 게다가 투자기간은 2개월로 몹시 짧습니다. 경기도 파주시에 다가구 주택을 짓는다고 합니다. 한 사람이 한번에 투자할 수 있는 최소 금액은 100만원으로 다른 P2P회사들이 제시하는 기준인 5000~10만원에 비해 다소 많은 액수입니다.

P2P투자란 무엇인가

- **상품설명**
  - 5월 25일 금요일 오후 2시 오픈되는 상품입니다.

  - 최소 투자금액은 100만원이며 수수료 면제 상품입니다.

  - 2개월 상품으로 원금상환일은 7월 31일이며, 첫번째 이자는 6월30일에 지급됩니다.

  - 모든 투자자의 투자금액에 2% 상품권으로 리워드 지급합니다.
    (리워드는 5월31일(목) 오후 6시 이전까지 받아보실 수 있습니다.)

- **자금용도**
  경기도 파주시 신축 공사 자금 대출

- **상환방식**
  만기일시

- **담보**
  `근저당권` `토지` `건물`

- **담보설명**
  - 토지 / 건물 사업권 매각
  - 2순위 가등기 설정
  - 전체 통 매매 대금 / 임대 보증금 담보

- **투자보호방법**
  - 전체 10개동 사업권 양.수도
  - 2순위 가등기 설정
  - 전체 통매매 대금 / 각 가구당 보증금 담보

상품 설명을 보면 담보가 2순위 가등기 설정, 토지, 건물이라고 합니다. 만약 투자금 상환이 제대로 안 이뤄지면 토지나 건물을 매각하겠다는 말입니다. 투자보호방법 항목을 살펴볼 건데, 투자금을 어떻게 보호할 것인지를 안내한다는 의미로 썼나 봅니다. 여기서 주목해야 할 것은 '2순위 가등기 설정'이라는 문구입니다아나리츠 상품설명 화면 캡처 참조.

A 대표는 이 대목에서 "이거 봐, 가등기잖아요. 신탁으로 자금관리를 하는 게 아니잖아요. 신탁이 되면 가등기 설정이 안 되거든요. 신탁이 된다는 건 P2P회사, 건축주차주, 신탁회사가 3자 계약을 맺는다는 의미예요.

신탁 계약을 했는지 여부만 확인해 봐도 투자금 손실 확률이 많이 낮아질 것"이라고 말했습니다. 대개 P2P대출에서 이용되는 신탁 계약은 담보신탁인데, 토지 ^{담보} 소유자가 건축물 준공이 끝날 때까지 토지의 소유권을 신탁회사로 이전하는 계약을 맺고, 이 계약이 완료되면 P2P회사가 대출금을 신탁사에 전달합니다. 이후에는 공사비를 포함한 사업비 집행을 신탁사가 P2P회사 대신 하게 됩니다. P2P회사 마음대로 자금을 빼돌릴 수 있는 여지가 줄어든다는 뜻입니다.

막간상식
가등기란?

가등기는 본등기^{진짜 등기}를 하기 전 임시로 해두는 등기입니다. 부동산에 대해 본등기를 하는 데 필요한 요건이 구비되지 않았을 때 설정하는 것인데, 나중에 본등기를 할 수 있을 때 선순위권자임을 주장할 근거를 마련하는 장치입니다.

이제 아나리츠가 제시한 세부 설명 중 일부를 발췌해 살펴보겠습니다.

P2P투자란 무엇인가

＊현재 소유주로 건축주 변경 서류 접수 하였으며 2~3주 이내 변경 예정임

＊법무사 서류 준비완료되었으며, 25일_금 등기소접수 완료예정입니다.

• • •

＊대출 상세 정보

• 전체 10개동 _{1개동 다가구 12세대} 으로 이루어진 대단지 신축 공사 현장으로 5개동은 골조공사 마무리단계. 5개동은 토목공사 진행

• 현 소유주는 2017년 12월 매매한 후 현재 건축주인 _주 승기건설을 _{2011년 허가승인} 현 토지 소유주로 변경 계획임 _{현재 건축주 변경서류 접수완료}

• 전체 11개 필지에 공동담보로 1순위 대출금액 _{18억7천만원} 이 설정되어 있으며, 1순위 대출금액을 제외하고 기타 압류,설정은 당사 대출금으로 모두 말소 예정임

• 임대 _{전세금} 보증금 예상금액대비 LTV는 _{1순위 5개동 대출금액 9억3천6백만} 54.8% 수준이며, 통매매 예상금액대비 LTV는 49.3% 수준임

• 전체 가등기 설정하여 원금 안전성 확보함

＊상환계획

• 각 가구별 임대보증금 전세금 으로 상환 가구당 1억5천 보증금

• 전체 통 매매하여 상환 각동당 20억원

• 1금융권 대환 대출 진행 예정

＊현재 소유주로 건축주 변경 서류 접수하였으며 2~3주 이내 변
경 예정임

＊법무사 서류 준비완료되었으며, 25일 금 등기소접수 완료예정입
니다.

상품 설명의 첫 번째 줄과 두 번째 줄을 보면 첫 문장, 두 번째 문장에
'예정'이 반복됩니다. 펀딩이 진행되던 당시에는 아직 안 했다는 이야기입
니다.

다음은 이 회사가 투자 상품에 대한 증빙 자료로 제시했던 다채로운
서류들입니다. 좌측부터 토지이용계획, 건축대수선 용도변경허가서, 건축
물 설계도면입니다.

P2P투자란 무엇인가

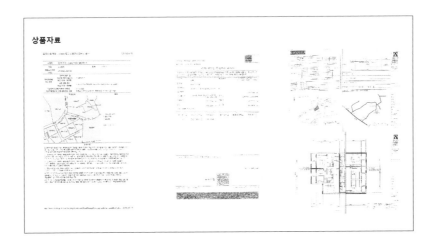

위의 세 서류 외에도 아나리츠엔 11개나 되는 등기사항전부증명서 그리고 건설사업자등록증, 토지이용계획이 올라와 있었습니다.

A 대표는 이런 서류들을 보더니 "이렇게 잔뜩 올려놓은 서류들은 이 대출의 신용도를 평가하는 데는 하나도 관련이 없다"고 잘라 말했습니다. 그는 "예를 들어 아나리츠가 제시한 건설사업자등록증은 당연히 사업을 하는 사람이라면 있어야 하는 증서로, 이것이 해당 사업자의 신용도나 신빙성을 판단할 수 있는 기준은 절대 될 수 없다"고 강조했습니다. 우리 모두 주민등록증이 있지만, 이것으로 신용등급을 알 수는 없는 것처럼 말입니다.

아래와 같은 토지이용계획서도 이 상품을 평가하는 잣대로 활용할 수 없는 것은 마찬가지입니다.

소재지	경기도 파주시 월롱면		
지목	공장 용지	면적	409㎡
개별공시지가(㎡당)	472,300원(2017/01)		
지역지구등 지정여부	「국토의 계획 및 이용에 관한 법률」에 따른 지역·지구 등	계획관리지역	
	다른 법령 등에 따른 지역·지구 등	제한보호구역(전방지역: 25㎞)「군사기지 및 군사시설보호법」	
「토지이용규제 기본법 시행령」 제9조제4항 각 호에 해당되는 사항		〈추가기재〉 건축법 제2조제1항제11호나목에 따른 도로(도로일부 포함)	

　간단히 말해 토지이용계획서는 국가에서 해당 땅에 대한 용도를 어떻게 정했는지 표시한 문서입니다. 위 문서는 즉 "차주가 PF 대출을 받아 건축을 하려고 하는 이 땅은 국가에서 계획관리지역으로 정해놓은 곳이다"라는 사실을 알려주는 문서입니다. 이 주변에 군사기지가 있으니 문제가 될 만한 건물은 설치할 수 없다는 내용도 나오네요. P2P대출과는 상관없는 사실입니다.

　건축물 용도변경 허가서도 토지이용계획 문서와 같은 논리로 차주의 상환 능력을 평가하는 데에는 하나도 쓸모없는 문서라고 A 대표는 거듭 강조했습니다. 참고로 다음 허가서는 지난 2011년에 발급돼 이미 아나리츠에서 펀딩을 하던 시점에는 약 7년이 지난 것입니다.

확인번호 12P9-96GT-NMKP-A8VE-PVGV

■ 건축법 시행규칙 [별지 제2호서식]

건축·대수선·용도변경 허가서

귀하께서 제출하신 건축·대수선·용도변경허가신청서는 건축법령의 규정에 적합하므로 건축·대수선·용도변경허가서를 「건축법 시행규칙」 제8조 및 제12조의2에 따라 교부합니다

건축구분	신축		허가번호	2011-건축과-신축허가-106 (2011-4060268-1101-106)
건축주	(주)중기건설			
대지위치	경기도 파주시 월롱면			
대지면적				409.0000 ㎡
건축물명칭	월롱면		주용도	단독주택(다가구주택)
건축면적	156.6600 ㎡	건폐율		38.3032 %
연면적	408.3600 ㎡	용적률		99.8435 %
가설건축물 존치기간				

동고유번호	동명칭및번호	연면적(㎡)	동고유번호	동명칭및번호	연면적(㎡)
1	주건축물제1동	408.3600			

※ 건축물의 용도/규모는 전체 건축물의 개요입니다

2011년09월28일

파주시장 [인]

30304-24711 6 98 12 28 개정승인   210㎜×297㎜ [보존 용지(2종) 70g/㎡]

"사업자라면 당연히 발급받을 수 있는 문서들을 올려놓고 투자자들
한테 있어 보이는 척을 했다."

A 대표는 아나리츠를 이렇게 비판했습니다. 부동산 PF 대출은 일반인
들이 검증하기는 어렵고, 전문가들이 오랜 시간을 들여야만 제대로 된 가
치를 파악할 수 있다는 점을 악용한 사례입니다. 부동산금융 전문가가 아
닌 제가 아나리츠의 상품 설명을 해당 상품을 모집하던 2018년 5월에 봤
다면 그저 '이렇게 많은 증빙자료와 세밀한 정보를 제공하다니'하고 별 문
제를 느끼지 못 하고 그냥 넘겼을 겁니다. 허위인지 아닌지는 파악하기
어려웠을 겁니다. 저 위의 상품 설명을 읽어도 뜻은 이해할 수 있겠으나,
이 내용이 참인지 거짓인지를 검증하는 일은 못했을 것입니다.

2017~2018년 초까지 아나리츠는 말 그대로 P2P대출 시장에 돌풍
을 일으켰던 회사입니다. 아나리츠는 2016년 9월쯤 등장해 무서운 기세
로 몸집을 불려, 한때는 투자자로부터 '신神의 손, 아나리츠'라는 의미에
서 '갓God·신 나리츠'로 이름을 날리기도 했습니다. 아나리츠는 10억~20
억원에 달하는 대출 모집액을 10분도 채 되지 않아 '완판'하기도 했습니
다.[24]

필자는 너무 높은 금리와 짧은 대출 기간을 내세우는 아나리츠가 수상

---

24) 이코노미조선, 2018.08.13. 사고 위험 P2P업체 가려내기, '과도한 혜택=과도한 위
험'… 대표가 잠적하기도

했습니다. P2P투자자 '양파맛사과'의 말이 떠올랐습니다. 그는 대출자 입장에서 역지사지를 할 것을 강조했습니다. 그는 "너무 높은 금리를 주거나 리워드를 주겠다면서 투자자를 유혹하는 회사는 경계한다"면서 "높은 수익률은 이를 대출이자로 내야 하는 대출자 입장에서 이는 굉장한 부담이 될 것이고 연체나 부실로 이어질 수 있다"고 했습니다.

누구나 혹할 만한 매혹적인 조건의 P2P투자 상품은 꼭 의심해야 합니다. P2P회사를 빙자한 사기꾼이 단기간에 많은 자금을 모아서 달아나려는 의도를 갖고 있거나, 해당 상품의 부실 확률이 매우 높다는 의미로 해석해도 과언이 아닙니다. 어느 쪽이든 원금 손실의 위험이 몹시 크다는 것은 변하지 않는 사실입니다.

작정하고 사기치려고 만든 회사 – 폴라리스펀딩

금괴 담보 대출, 자동차 담보 대출, 자산운용사 인테리어 프로젝트, 골프회원권 담보대출. 이처럼 실물 확인이 어려운 투자 상품을 내세웠던 '폴라리스펀딩'은 대표적으로 P2P대출을 빙자해 투자금을 편취했던 사기업체입니다.

2018년 8월 서울 영등포경찰서는 특정경제범죄 가중처벌 등에 관한 법률상 사기 혐의로 이 회사의 대표를 포함한 임직원들을 2018년 8월 구속해 기소 의견으로 송치했습니다. 이들은 2017년 11월 말부터 2018년 6월 말까지 225개의 허위 투자 상품을 만들어 1200여 명으로부터 135억

원을 받아 가로챈 혐의를 받았습니다.[25)]

폴라리스펀딩은 처음부터 사람들을 현혹해 투자금을 모으고 야반도주하기 위한 목적으로 만들어진 회사였습니다. 이 회사는 '먹튀'를 위해 단기간에 많은 자금을 모으려고 했습니다. 평균 이자율이 연 20% 이상이었습니다. 폴라리스펀딩은 사람들을 믿게 하기 위한 여러 장치를 해놨죠. 우선 이들은 회사 홈페이지에 연체율을 0%로 조작해뒀다고 합니다.

경찰 수사 결과 허위로 밝혀진
폴라리스펀딩이 취급하는 것처럼 홍보했던 자동차 담보대출

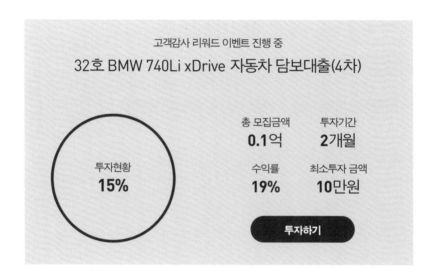

고객감사 리워드 이벤트 진행 중

32호 BMW 740Li xDrive 자동차 담보대출(4차)

투자현황
15%

총 모집금액
0.1억

수익률
19%

투자기간
2개월

최소투자 금액
10만원

투자하기

---

25) 연합뉴스. 2018.08.17. 가짜 금괴로 투자자 속여 135억원 가로챈 P2P업체

"믿어줘, 우리에게 돈 맡겨"

폴라리스펀딩이 가장 먼저 강조했던 건, 자신들이 본사를 한국 금융산업의 중심지인 서울 여의도, 그 가운데서도 랜드마크 격인 건물인 IFC에 뒀다는 것입니다. 증권사, 자산운용사가 많은 이 지역에서 회사를 운영한다는 점을 강조, 본인들의 신뢰도를 올려보려는 시도였습니다.

이와 더불어 유튜브를 통한 동영상 채널을 만들어 회사와 투자 상품 설명영상을 만들어서 올렸습니다. 영상 중엔 자신들의 회사가 IFC에 있다는 점을 2분 남짓 영상에 담은 동영상도 있었습니다. 이 영상에는 젊은 배우들이 등장해 사무실에서 일하는 모습을 연출합니다. 회사의 대표 또는 임직원은 전혀 출연하지 않습니다. 폴라리스펀딩 경영진의 태도는 자신들의 얼굴을 드러내고 활발하게 회사를 알리는 다른 P2P회사들의 대표들과 차이가 있었습니다.

이들은 '골드바 담보 대출 상품'의 담보로 쓰였다는 '골드바'들을 촬영해 유튜브에 올렸습니다. 영상을 보면 젊은 여자 배우가 출연해 번쩍이는 골드바를 들고 귀한 것인양 매만집니다. 영상에서 "금괴의 보증서가 없는 경우 시금액이나 시금석으로 금 성분을 검사하고 금을 신탁회사의 금고에 보관한다"는 담보력과 전혀 관계없는 이야기를 늘어놓습니다.

2018년 8월 경찰에 따르면 수사 결과 골드바는 모두 가짜였다고 합니다. 사실은 백만 원어치 쇳덩어리를 도금해 만든 '가짜 금괴'였다고 합니다. 멀리서 보면 진짜처럼 보이지만, 가까이서 보면 일련번호조차 없이 허술했던 것으로 전해집니다.[26]

---

26) YTN. 2018.08.17. '도금한 가짜 금괴로 135억 투자금 '꿀꺽''

개당 약 5260만원으로 총 담보가치는 13억 6천만원가량입니다.

　자동차 담보대출에 대해 설명하는 동영상은 가관입니다. 영상에는 배우가 출연해 외제차 2대와 국산차 1대를 세워놓고 "진짜 차가 맞다. 시동이 걸린다"고 말했습니다. 차가 잘 작동하는 것은 대출의 안정성 또는 담보 가치와 아무 상관이 없습니다. 고장난 차가 아니라고 해서 그 차가 안정적인 담보라는 이야기는 아닙니다. 해당 업체의 유튜브 채널은 2019년 현재에도 열려 있습니다. 폴라리스펀딩이 투자자들을 현혹해 자금을 모집하던 웹사이트는 접속이 안 됩니다.

　"폴라리스펀딩, 지금 가입만 해도 2만원!"

　이들은 이 같은 문구를 담은 광고판을 서울 시내버스 옆면과 뒷면에 붙이는 등 아낌없이 광고비를 지출했습니다. 서울시내 버스 광고 단가는 버스 1대, 1개월 기준 최저 60만원으로 시작합니다. 도심 번화가를 지나다니는 버스는 1대당 광고 단가가 160만원까지 올라갑니다. 필자는 광화문 인근에 있는 회사를 다니는데, 근처인 명동이나 종각을 지날 때 폴라리스펀딩의 버스광고를 2018년 초에 자주 목격했던 기억이 있습니다. P2P투자가 뭔지 모르는 사람들조차 관심이 갈 만한 문구입니다.

폴라리스펀딩은 사실 허점이 정말 많은 회사였습니다. 2017년 11월경 캡처된 폴라리스펀딩의 웹사이트를 보면, 투자금을 입금하는 계좌인 예치금 입금 계좌의 명의자가 '폴라리스펀딩'으로 되어 있었습니다.[27] 다른 P2P회사를 이용해본 사람이라면 금세 위화감을 느낄 수 있었을 겁니다. P2P투자를 위한 예치금 계좌는 본인 명의의 가상계좌여야 하기 때문입니다. 자신의 이름+회사 이름으로 계좌명이 표시되는 것이 일반적인 예치금 계좌의 예금주명입니다.

●━━━━━● 폴라리스펀딩과 타 P2P회사 예치금 계좌명 비교 ●━━━━━●

※폴라리스펀딩의 예치금 계좌 안내

1호 자산운용사 여의도 사무실 인테리어 프로젝트		
만기	금리환산	투자금액
12개월	27%	투자 1좌 / 최대 10좌 (총 투자금액 500,000원)

입금계좌정보	
은행	기업은행
계좌번호	
계좌주	주식회사 폴라리스펀딩

※계좌주가 폴라리스펀딩입니다.

---

27) 한국P2P금융투자자협회, 2017.11.29, P2P업체 특이정보 – '폴라리스펀딩'

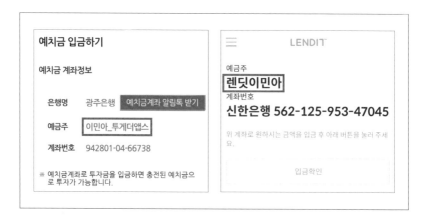

예치금 입금하기

예치금 계좌정보

은행명   광주은행   예치금계좌 알림톡 받기

예금주   이민아_투게더앱스

계좌번호   942801-04-66738

※ 예치금계좌로 투자금을 입금하면 충전된 예치금으로 투자가 가능합니다.

≡   LENDIT

예금주
렌딧이민아
계좌번호
신한은행 562-125-953-47045

위 계좌로 원하시는 금액을 입금 후 아래 버튼을 눌러 주세요.

입금확인

폴라리스펀딩도 사이트를 열고 난 초반에는 투자자에게 꼬박꼬박 이자를 지급했다고 합니다. 그런데 사업 초기에 투자자들에게 줬던 이자와 리워드^{보상금}는 나중에 투자한 투자자의 자금으로 '돌려막기'를 해서 충당한 자금이었습니다. 이 회사의 투자 상품은 이자율이 연 27.5%, 20%로 말도 안 되게 높았던 데다, 투자 기간은 2개월 이하로 단기였습니다. 투자자들을 현혹시킬 만한 요소들을 군데군데 너무나 잘 넣었습니다. 홈페이지상의 투자 상품 설명을 살펴보겠습니다.

투자하기
31호 통합창원시 정비공장 프로젝트(11차)
모집기간 2018.01.26 ~ 2018.02.19
총 모집금액 10,000,000원
현재 모집금액 2,000,000원
투자수익률 연 27.5%
투자기간 12개월
투자진행률 20.00%

투자하기
30호 자산운용사 여의도 사무실 인테리어 프로젝트(10차)
모집기간 2018.01.26 ~ 2018.02.08
총 모집금액 10,000,000원
현재 모집금액 1,550,000원
투자수익률 연 27%
투자기간 12개월
투자진행률 15.50%

위 자료는 닫혀 있는 폴라리스펀딩 웹사이트의 기록을 간신히 찾아내 발췌한 내용입니다. 세부 투자 상품 설명은 구하기 어려웠지만, 적어도 이 회사가 모집했던 개별 상품의 요약 조건은 확인할 수 있었습니다.

'31호 통합창원시 정비공장 프로젝트11차'를 살펴보겠습니다. 투자를 하면 연 27.5% 이자율을 적용해주겠다는 것과, 투자 기간은 12개월이라는 것이죠. 투자 기간은 그렇다 쳐도, 연 27.5%라는 이자율은 투자자 입장에서, 또 대출자 입장에서 말도 안 되게 높습니다. 당시 법으로 정한 최고 금리가 24%였는데, 이를 넘는 수준입니다. 외제차 담보대출 상품이라면서 모집한 조건은 연 19%의 금리에 2개월의 투자 기간을 내세웠습니다.

이렇게 높은 대출 금리와 짧은 상환 기간을 감당할 수 있는 대출자는 아마 거의 없을 겁니다. 이자율이 높고 투자 기간이 짧으면 투자자 입장에서는 완벽에 가까운 투자 상품이라고 볼 수 있겠지만, 대출자의 입장에서 생각해보셔야 합니다. 저 당시에 폴라리스펀딩이 사기업체인지 아닌지 알 수는 없더라도, 저 상품의 조건이 진짜라면 투자금 회수가 몹시 어려울 확률이 높다는 것 만큼은 유추할 수 있습니다. 대출자가 저런 비상식적인 조건으로 굳이 대출을 받으려고 하는 이유는 무엇일지 의심해야 합니다. 백번 양보해서 '아주 절박하니 그러나 보다'라고 생각할 수 있겠으나, 그럼 이렇게 절박한 상황에 놓인 사람이 제대로 투자금을 상환할 수 있을까요? 확률은 아주 낮습니다.

폴라리스펀딩 사태로 아주 중요한 P2P투자의 교훈을 하나 얻을 수 있다면, '이해가 안 되는' '상식적이라고 볼 수 없는' 상품에 투자해서는 안 된다는 것입니다.

P2P투자란 무엇인가

맺음말

"세상에 공짜 점심은 없다There is no such a free lunch in economy."

노벨 경제학상 수상자인 밀턴 프리드먼이 남긴 명언으로, 기회비용에 대해 이야기할 때 자주 인용되는 말입니다. 시장에서 공짜는 없습니다. 공짜로 먹은 점심의 대가는 어떤 방식으로든 나중에 지불하게 됩니다.

P2P투자를 하는, 혹은 하려는 사람들은 이 '공짜 점심의 대가'를 알아야합니다. '로우 리스크, 하이 리턴'과 같은 누구나 원할 만한 맛있는 공짜 점심은 없습니다. P2P투자를 일확천금을 벌어주는 투기수단으로 생각해서는 안 됩니다. 보수적으로 시장을 바라보셨으면 합니다. 제 사례를 말하자면, P2P투자로 예금 금리보다 조금 나은 수익률을 벌어보자는 소소한 욕심을 내고 있습니다.

"언제든 손실을 볼 수 있습니다. 원금을 잃을 수 있다는 것을 잊지 마세요. 고수익을 주면서 안전하기까지 한 그런 착한 기업이나 사람은 세상에 없습니다."

P2P투자의 고수가 말하는 '성공투자 비법'입니다. P2P투자라는 것이 앞에 '전문가'들이 말했던 원칙을 따른 자세로 접근할 때 합리적 보상을 주는 투자 수단임을 마음에 새겨야 합니다.

이 책에서 언급한 내용들이 다소 귀찮을 수 있겠지만, 그래도 투자를 결정하기 전에 한 번 더 읽어봐 주시기를 당부합니다. 부자가 되는 길에는 반드시 학습이 필요합니다. P2P투자를 시작할 땐 투자 상품이 어떤 원리로 구성된 것인지 이해할 수 있어야 합니다.

또 무엇보다도 P2P회사를 조사하는 일을 귀찮아해서는 안 됩니다. P2P회사는 투자자들의 자금을 대신 관리해주는 '대리인'입니다. 수개월 간 돈을 맡길 대리인의 신원을 명확하게 파악하는 건 어쩌면 당연히 해야 할 일입니다.

이 책이 '대박'을 위한 요령이 아닌 '소소한 성공'을 위한 길라잡이가 되었으면 하는 바람입니다.

이 민 아

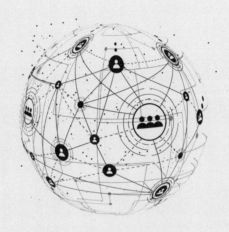